QuickStart
Lotus Organizer für Windows

QuickStart
Lotus Organizer für Windows

Jens Dennig

DÜSSELDORF · SAN FRANCISCO · PARIS · SOEST (NL)

Fast alle Software- und Hardware-Bezeichnungen, die in diesem Buch erwähnt werden, sind gleichzeitig auch eingetragene Warenzeichen und sollten als solche betrachtet werden. Der Verlag folgt bei den Produktbezeichnungen im wesentlichen den Schreibweisen der Hersteller.

Der Verlag hat alle Sorgfalt walten lassen, um vollständige und akkurate Informationen in diesem Buch bzw. Programm und anderen evtl. beiliegenden Informationsträgern zu publizieren. SYBEX-Verlag GmbH, Düsseldorf, übernimmt weder Garantie noch die juristische Verantwortung oder irgendeine Haftung für die Nutzung dieser Informationen, für deren Wirtschaftlichkeit oder fehlerfreie Funktion für einen bestimmten Zweck. Ferner kann der Verlag für Schäden, die auf eine Fehlfunktion von Programmen, Schaltplänen o.ä. zurückzuführen sind, nicht haftbar gemacht werden, auch nicht für die Verletzung von Patent- und anderen Rechten Dritter, die daraus resultiert.

Projektmanagement/Lektorat: Matthias Bülow
Produktion: Uta Gardemann
Satz: text korrekt · Carola Richardt, Essen
Belichtung: Softype Computersatz-Service GmbH, Düsseldorf
Farbreproduktionen: Mouse House Design GmbH, Düsseldorf
Umschlaggestaltung: Mouse House Design GmbH, Düsseldorf
Druck und buchbinderische Verarbeitung: Ebner Ulm

ISBN 3-8155-5586-8
1. Auflage 1992

Alle Rechte vorbehalten. Kein Teil des Werkes darf in irgendeiner Form (Druck, Fotokopie, Mikrofilm oder in einem anderen Verfahren) ohne schriftliche Genehmigung des Verlages reproduziert oder unter Verwendung elektronischer Systeme verarbeitet, vervielfältigt oder verbreitet werden.

Printed in Germany
Copyright © 1992 by SYBEX-Verlag GmbH, Düsseldorf

Inhalt

13 Schritt 1: **Installation** (15')	95 Schritt 11: **Suchfunktionen** (15')
21 Schritt 2: **Benutzeroberfläche** (30')	97 Schritt 12: **Einträge einfügen/löschen** (15')
35 Schritt 3: **Anwendungsbeispiel** (15')	101 Schritt 13: **Einträge verschieben und verknüpfen** (30')
41 Schritt 4: **Neue Datei/ Konfiguration** (45')	111 Schritt 14: **Einsatz im Netz und unterwegs** (15')
49 Schritt 5: **Kalender** (45')	115 Schritt 15: **Working Together** (15')
61 Schritt 6: **Aktivitäten** (30')	121 Schritt 16: **Ini-Dateien** (30')
65 Schritt 7: **Adressen** (30')	129 Schritt 17: **Drucken** (30')
71 Schritt 8: **Notizen** (30')	137 Schritt 18: **Import/Export** (30')
81 Schritt 9: **Planer** (15')	145 Schritt 19: **Hilfefunktionen/ Utilities** (30')
91 Schritt 10: **Jahrestage** (15')	151 Schritt 20: **Zeitmanagement** (15')

Vorwort

Das Vorwort eines EDV-Buches beginnt oft mit einer Huldigung und Lobpreisung des im Buch beschriebenen Programms. Keine Angst, dies wird Ihnen auch in diesem Buch nicht vorenthalten. Doch dazu später.

Zuerst einmal sei an dieser Stelle mein Dank an meinen Projektmanager Matthias Bülow gerichtet. Ein Dank, der bereits für das Buch "Lotus Working Together" fällig war. Matthias Bülow wird dereinst für meine grauen Haare verantwortlich sein, versucht er doch ständig, jedes noch so gute Manuskript noch weiter zu verbessern. Er setzt also regelmäßig nur für Sie unsere Freundschaft aufs Spiel.

Für hardwaretechnische Unterstützung bedanke ich mich an dieser Stelle bei Herrn Dipl.-Ing. Abbas Ashkan, dem technischen Leiter der Elitegroup Computer Systems GmbH.

Für die Versorgung mit der jeweils neuesten Beta-Software per Notes-Mail bedanke ich mich ganz besonders bei Werner-Fritz Zwingmann, Produkt Manager der Lotus Development GmbH. Als Werner mich im August anrief und fragte, ob ich ein Buch über den Organizer schreiben möchte, habe ich spontan "Ja" gesagt.

Aller guten Danksagungen sind drei

Kannte ich das Produkt doch schon aus seiner Vor-Lotus-Zeit als es, von Threadz Limited entwickelt und vertrieben, ein ungerechtfertigtes Mauerblümchendasein fristete. Doch schon damals erhielt dieses Programm, wenn es denn jemand kannte, die besten Kritiken.

Dank der Überarbeitung des Programms durch Lotus und die perfekte Einbindung in die SmartSuite kann man jetzt davon ausgehen, daß dem Organizer der ihm gebührende Respekt noch mehr als genug erwiesen werden wird.

Doch der Begriff Respekt ist eigentlich für den Organizer fehl am Platze. Worte wie Spaß und Freude beschreiben sicher treffender die Arbeit mit diesem Programm. Der Organizer ist eines der besten Beispiele für eine intuitive Benutzeroberfläche. Allein schon die Lotus-typischen SmartIcons oder das Verbrennen

SmartSuite= Familie der Windows-Programme von Lotus, also 1-2-3, Ami Pro, Freelance Graphics und cc:Mail

obsoleter Notizen im Papierkorb werden Sie nicht mehr missen wollen. Lassen Sie sich einfach vom Organizer verzaubern.

"Abracadabra".

Essen, im September 1992

Jens Dennig

P.S.: Auch das Schreiben dieses Buches hat, wie die Arbeit mit dem Organizer, Spaß gemacht. Nehmen Sie also bitte nicht alle Formulierungen oder Randbemerkungen tierisch ernst.

Einführung in QuickStart

Vermutlich sind Sie der ideale PC-Anwender. Sie kennen die grundlegenden Funktionen von Tabellenkalkulationen, Textverarbeitungen und Dateiverwaltungen. Kurz: Sie sind ein engagierter und interessierter PC-Benutzer und möchten sich das nötige Wissen über verschiedene Standardprogramme in kürzester Zeit aneignen. Für Sie ist die QuickStart-Buchreihe aus dem SYBEX-Verlag entwickelt worden.

Zielgruppe

Ein übersichtlich strukturiertes Konzept führt Ihnen in 20 Schritten vor, was das Produkt kann, wie Sie mit dem jeweiligen Programm umzugehen haben und wie Sie schnell zu brauchbaren Arbeitsergebnissen kommen.

Was leistet das Buch?

Damit erfüllt ein solches QuickStart-Buch zwei Aufgaben: Es informiert Sie über die Eigenschaften eines Programms und gibt Ihnen die Möglichkeit, sich schnell mit ihnen vertraut zu machen. So bekommen Sie eine echte Entscheidungshilfe für den Kauf an die Hand und dazu einen Grundkurs in 20 Schritten, der auch Anfängern mit geringen Vorkenntnissen das nötige Basiswissen zu einem Programm vermittelt.

Der Erfolg liegt auf der Hand. Erstens: Sie investieren in Software, die Ihren Anforderungen entspricht, weil Sie nach der Lektüre der betreffenden QuickStart-Bücher die Unterschiede zwischen den Programmen einer Kategorie kennen. Zweitens: Nach dem Kauf des Produktes können Sie sich das Studium der Original-Handbücher fürs erste sparen und sich statt dessen mit den 20 Schritten einarbeiten.

Da Sie sicherlich, wie jeder vielbeschäftigte Anwender, so wenig Zeit wie möglich in das Studium von Begleitliteratur investieren wollen oder als Einsteiger so wenig wie möglich überflüssigen Text lesen möchten, haben wir den Titeln aus der QuickStart-Reihe eine entsprechende Struktur gegeben.

Struktur des Buches Die Zeitersparnis fängt bei der richtigen Zeiteinteilung an: Zu jedem Schritt finden Sie eine Zeitangabe, die darstellt, wieviel Zeit Sie aufwenden müssen, um diesen Schritt am Gerät durchzuarbeiten.

Zeitbedarf Uhr

Natürlich brauchen Sie viel weniger Zeit, wenn Sie die Schritte nur theoretisch nachvollziehen. Zusätzlich finden Sie in der Marginalspalte kurze Hinweise auf den Inhalt der wichtigsten Abschnitte innerhalb eines Schrittes. So können Sie sich schnell auf jeder Seite orientieren.

Symbole Drei Symbole sollen Ihnen helfen, besonders wichtige Punkte schnell zu finden; welches Symbol welche Bedeutung hat, zeigen die folgenden Abbildungen:

 Achtung

  Hinweis

 Ausführung

Die QuickStart-Bücher können natürlich kein Anleitungsbuch mit fortgeschrittenen Anwendungen ersetzen, Sie erhalten jedoch die nötigen Informationen, damit Sie das Programm sinnvoll einsetzen können und die Grundfunktionen kennen.

Buchaufbau Der erste Schritt befaßt sich jeweils mit der Installation der Software unter Berücksichtigung verschiedener Hardware-Voraussetzungen, und Sie erfahren hier, ob das betreffende Programm überhaupt mit der bei Ihnen vorhandenen Hardware harmoniert. Auch die verschiedenen Möglichkeiten zum Starten des Programms werden erläutert.

Im zweiten Schritt wird die Benutzeroberfläche des Programms vorgestellt.

Benutzeroberfläche

Die folgenden 18 Schritte zeigen die grundlegenden Funktio- nen anhand von Beispielen oder kurzen Beschreibungen. Weiterhin erfahren Sie alles über das Verhältnis des jeweiligen Programms zu seiner Umgebung; also über die verschiedenen Möglichkeiten, Daten zu drucken, auf dem Bildschirm darzustellen, zu importieren und zu exportieren. Die letzten Schritte handeln dann von den Spezialitäten eines Programms, wie z.B. eine eingebaute Makrosprache, zusätzliche Editiermöglichkeiten oder die Palette der Zusatzprogramme von Drittherstellern. Falls zum Zeitpunkt der Drucklegung bereits Informationen über neuangekündigte Versionen des Programms vorliegen, werden diese so weit wie möglich vorgestellt.

Schritte 3 bis 20

Sie sehen, ein QuickStart-Buch hilft Ihnen Geld und Zeit zu sparen.

Der SYBEX-Verlag ist sehr an Ihrer Reaktion auf diese Reihe interessiert; teilen Sie uns doch bitte Ihre Meinung zu diesem QuickStart-Buch mit. Ihre Erfahrungen nutzen allen Lesern und damit letztlich auch wieder Ihnen. Vielen Dank.

Der SYBEX-Verlag

Einführung

11

Darstellung von Tasten

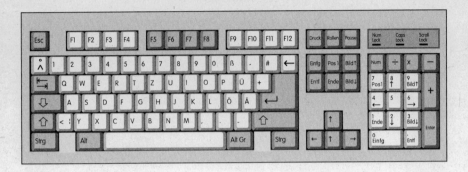

MF-II-Tastatur	MF-Tastatur	PC/XT	im Buch
<Untbr>	<Abbr>	<Pause>	Pause
<Alt>	<Alt>	<Alt>	Alt
<Alt Gr>	<Alt><Strg>	<Alt><Ctrl>	Alt Gr
<Bild ↑>	<Bild ↑>	<PgUp>	Bild ↑
<Bild ↓>	<Bild ↓>	<PgDn>	Bild ↓
<Druck>	<Druck>	<PrtSc>	Druck
<Einfg>	<Einfg>	<Ins>	Einfg
<Esc>	<EingLösch>	<Esc>	Esc
<End>	<Ende>	<End>	Ende
<↓>	<Groß>	<CapsLock>	⇩
<Umsch>	<Shift>	<Shift>	⇧
<Num>	<Num>	<NumLock>	Num
<Home>	<pos1>	<Pos1>	Pos 1
<Strg>	<Strg>	<Ctrl>	Strg

Einführung

Schritt 1:
Installation

Systemvoraussetzungen

Um mit dem Lotus Organizer arbeiten zu können, benötigen Sie mindestens:

- einen IBM AT oder PS/2 286 oder 100% kompatiblen Rechner
- eine VGA- oder kompatible Grafikkarte
- mindestens 1MB Arbeitsspeicher
- eine Festplatte mit mindestens 2,6 MB freiem Platz
- ein 3,5 Zoll-Diskettenlaufwerk mit 720 kByte oder 1,44 MByte oder ein 5,25 Zoll-Diskettenlaufwerk mit 1,2 MByte Kapazität
- MS-, PC- oder DR-DOS ab Version 3.1 oder höher
- Windows 3.0 oder höher
- eine Windows-kompatible Maus wird empfohlen

Der Organizer läuft auch mit einer EGA-Karte. Viel Spaß!

Der Installationsvorgang

Starten Sie Windows. Legen Sie dann die erste von drei Organizer-Disketten in Ihr Diskettenlaufwerk A: oder B: ein. Im Windows Programm-Manager wählen Sie dann DATEI-AUSFÜHREN und geben ein:

`a:install` ⏎

Wenn Sie die Diskette in Laufwerk B eingelegt haben, müssen Sie natürlich

`b:install` ⏎

eingeben.

Alternativ können Sie auch mit Hilfe des Datei-Managers von Windows die Installation beginnen.

Alternative

Abb. 1.1: Installation aus dem Programm-Manager von Windows

Dazu doppelklicken Sie dann auf die Datei INSTALL.EXE.

Sie gelangen nun in die erste Dialogbox (Abbildung 1.2), in der Sie die Sprache auswählen, in der Sie mit dem Organizer arbeiten. Wenn Sie ein deutsches Windows besitzen, so heißt die Dialogbox INSTALLATION VON LOTUS ORGANIZER, arbeiten Sie zum Beispiel mit einem spanischen Windows, so ist diese Box mit INSTALACIÓN DE LOTUS ORGANIZER betitelt. In diesem Fall klicken Sie die zweite Auswahl von oben an, um doch die deutsche Version des Organizers zu installieren.

Europa '93   Sie verfügen also mit dem Lotus Organizer über das erste fünfsprachige Lotus-Produkt. Im Vorgriff auf die europäische Harmonisierung ist dies sicher ein Schritt in die richtige Richtung.

Mit einem Klick auf ACEPTAR (Spanisch) oder auf OK (Englisch, Deutsch, Französisch, Italienisch) schreiten Sie nun weiter voran im Installationsvorgang.

Als nächstes gelangen Sie in eine Dialogbox, in der Sie Ihren eigenen und Ihren Firmennamen registrieren müssen. Bestätigen Sie wieder mit OK oder ⏎. Auch wenn Sie den Organizer privat anwenden, müssen Sie im Feld FIRMA etwas eintragen, ansonsten bleiben Sie auf ewig in dieser Dialogbox stecken.

Schritt 1

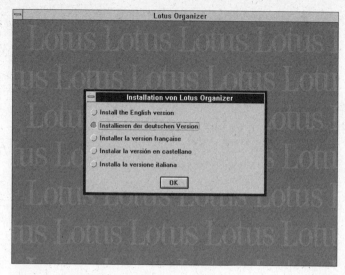

Abb. 1.2: Auswahl der zu installierenden Sprache

Der Organizer fragt Sie nun, ob Sie sich wirklich mit diesem Namen und Firmennamen registrieren lassen wollen. Hier bestä-

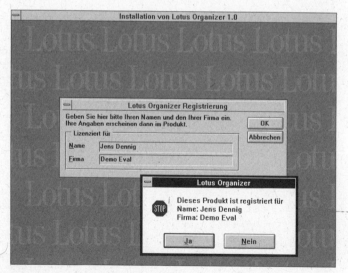

Abb. 1.3: Registrierung und Bestätigung

tigen Sie mit JA, um fortzufahren oder klicken auf NEIN, um Ihre Angaben noch einmal abzuändern (Abbildung 1.3).

Wenn Sie mit JA geantwortet haben, gelangen Sie in die Dialogbox, in der Ihnen als neues Verzeichnis für den Organizer C:\ORGANIZE (Abbildung 1.4) vorgeschlagen wird. Diesen Vorschlag können Sie nun an Ihre Bedürfnisse anpassen.

Installation im Netzwerk

Beispielsweise können Sie auch ein Netzwerklaufwerk wie F: oder M: angeben. Beachten Sie dabei aber die Lotus-Lizenzbestimmungen. Für jeden Anwender im Netz muß eine Organizer-Lizenz vorhanden sein.

Der Verzeichnisname kann maximal acht Buchstaben zuzüglich eines Suffix von drei Buchstaben haben. Denkbar wäre zum Beispiel der Pfad M:\ORGANIZE.NET.

Für eine Installation im Netzwerk beachten Sie bitte die Hinweise in Schritt 14, Einsatz im Netz und unterwegs.

Bestätigen Sie dann mit einem Mausklick auf OK, oder drücken Sie ⏎. Das neue Verzeichnis wird auf Ihrer Festplatte angelegt und die Installation fortgesetzt.

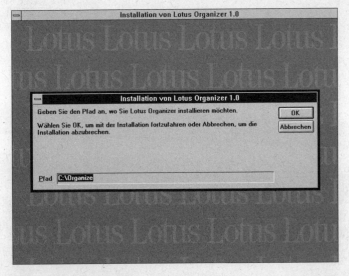

Abb. 1.4: Die Pfadauswahl

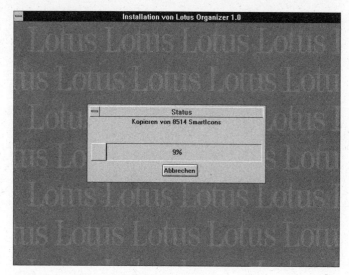

Abb. 1.5: Statusreport während der Installation

Sollte der Organizer schon einmal installiert gewesen sein, so werden Sie gefragt, ob diese Version überschrieben werden soll. Vergewissern Sie sich, ob Sie dies wirklick wollen und bestätigen Sie die entsprechende Dialogbox dann mit JA.
    Die Installation beginnt nun. Um Ihnen die Wartezeit zu verkürzen, wird währenddessen der Status des Installationsvorgangs angezeigt.
    Zweimal wird Sie der Organizer nun zum Diskettenwechsel auffordern. Folgen Sie diesen Anweisungen; Klicken Sie danach jeweils auf OK, oder drücken Sie ⏎.

Nachdem der Organizer zu 100% installiert ist, fragt Sie das Installationsprogramm, ob Sie den Organizer automatisch bei jedem Windows-Start öffnen möchten. Treffen Sie Ihre Wahl, indem Sie auf JA oder NEIN klicken. Unter Windows 3.0 wird dann die Datei WIN.INI entsprechend geändert, unter Windows 3.1 wird das Organizer-Symbol in die Programmgruppe Autostart eingefügt. Sie können es später jederzeit wieder daraus entfernen, indem Sie es mit der Maus in eine andere Programmgruppe ziehen, zum Beispiel mit dem Namen LOTUS ANWENDUNGEN, in dem sich unter Umständen bereits 1-2-3, Ami Pro oder cc:Mail befinden.

Wenn Sie entschieden haben, den Organizer nicht automatisch mit Windows zu starten, so können Sie jetzt bestimmen, ob Sie das Symbol in die bereits erwähnte Programmgruppe Lotus Anwendungen einfügen möchten. Wieder haben Sie die Wahl zwischen JA und NEIN.

Wählen Sie JA, so ist die Installation damit beendet und Sie können mit dem Vergnügen Organizer beginnen. Wählen Sie dagegen NEIN, so müssen Sie selbst das Symbol mittels Ihrer Windows-Kenntnisse in eine Programmgruppe einfügen.

Weniger erfahrene Anwender sollten also mit JA antworten. Nun können Sie per Doppelklick den Organizer aus der Programmgruppe Lotus Anwendungen heraus starten.

Doch wie auch immer Sie sich entschieden haben sollten - als letzte Dialogbox erscheint immer die Frage, ob Sie den Organizer direkt starten möchten.

Gespannt wie eine Armbrust bestätigen Sie natürlich mit einem Klick auf JA oder mit ⏎.

Organizer starten

Den Organizer starten Sie nun mit einem Doppelklick auf dessen Symbol, es sei denn, Sie hätten ihn in die Autostart-Gruppe

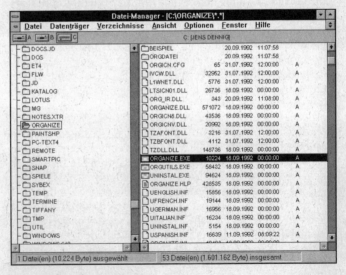

Abb. 1.6: Organizer starten

eingefügt. Natürlich können Sie den Organizer auch über den Datei-Manager von Windows starten, dazu doppelklicken Sie im Datei-Manager auf die Datei ORGANIZE.EXE.

Upgrader

Für Besitzer von Lotus Agenda gibt es eine Update-Möglichkeit auf den Lotus Organizer. Dies bedeutet jedoch nicht, daß der Organizer die komplette Funktionalität von Agenda abbildet.

Agenda

Die beiden Programme unterscheiden sich sogar recht stark voneinander. Zum Beispiel ist Agenda ein DOS-Programm. Beide gehören jedoch in die Gruppe der sogenannten PIM-Programme (Personal Information Manager).
  Daher ist es eher eine freundliche Geste, daß Lotus ein Update anbietet, als daß der Organizer eine logische Weiterentwicklung von Agenda wäre.

Organizer entfernen

Während der Installation des Organizers wurde auch das Programm UNINSTAL.EXE auf Ihre Festplatte übertragen. Dieses Programm entfernt den Organizer vollständig wieder von Ihrer Festplatte.

Um dieses Programm zu nutzen, starten Sie es zum Beispiel aus dem Datei-Manager von Windows durch einen Doppelklick auf die Programmdatei UNINSTAL.EXE im Verzeichnis ORGANIZE.
  Jetzt bestätigen Sie Ihren Löschwunsch mit Ok und beantworten noch die folgenden Fragen.

Hoffentlich haben Sie zuvor Ihre Dateien mit der Endung ORG gesichert!

Schritt 2:
Benutzeroberfläche

Der Lotus Organizer ist eine 100%-ige Windows-Applikation. Dieses Buch setzt voraus, daß Sie mit den grundlegendsten Windows-Funktionen vertraut sind. Im gleichen Verlag sind zahlreiche Publikationen zum Thema Windows 3.1 erschienen. Die Windows-Oberfläche bietet Ihnen alle Vorteile des GUI-Prinzips. GUI bedeutet "Graphical User Interface", zu deutsch "grafische Benutzeroberfläche".

Grafische Benutzeroberfläche

Grafische Benutzeroberflächen gewinnen immer mehr an Bedeutung, auch auf anderen Betriebssystem-Plattformen. Unter IBM's OS/2 heißt die Benutzeroberfläche "Presentation Manager", unter Unix ist "X-Windows" nur eine von vielen Benutzeroberflächen. Deren Intention ist nicht nur die möglichst

GUI

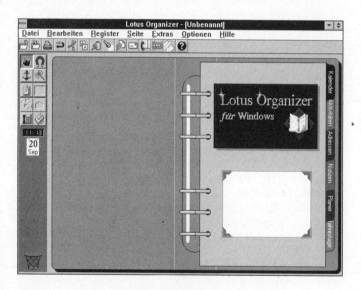

Abb. 2.1: Die grafische Benutzeroberfläche des Lotus Organizer

vollständige Bedienung der Programme mit der Maus oder anderen Zeigegeräten wie Pen oder CAD-Tablett, sondern insbesondere die Vereinheitlichung der Bedienung aller Programme.

Konventionen

Aus diesem Grund müssen die Programmierer von Windows-Applikationen gewisse Konventionen beachten, die letztendlich aber allen Anwendern zugute kommen. In diesem Schritt finden Sie weiter unten eine Tabelle der Tastaturbefehle; viele von ihnen gelten auch in anderen Windows-Applikationen, zum Beispiel die Befehle für die Benutzung der Zwischenablage.

Reservierte Tasten

Einige der Konventionen besagen zum Beispiel, daß die Tasten [F1] und [F10] reserviert sind, [F1] für den Aufruf der Online-Hilfe, [F10] für die Aktivierung der Menüleiste.

Kopfzeile

In der obersten Zeile des Bildschirms sehen Sie nach dem Programmstart den Namen "Lotus Organizer" und dahinter die Bezeichnung "[unbenannt]". Sobald Sie das erste Mal speichern, wird der Name Ihres Organizers angezeigt.

Am linken Ende der Kopfzeile befindet sich der Systemknopf. Ihn gibt es in jedem Windows-Programm, und er hat immer die gleichen Funktionen, hauptsächlich dient er dazu, die Bildschirmdarstellung, das heißt die Fenstergröße des aktuellen Programmes, zu manipulieren. Ein Doppelklick schließt Organizer. Aber keine Angst, zuvor werden Sie gefragt, ob Sie Ihre Datei speichern möchten.

Fenstergröße

Die beiden rechten Knöpfe dienen zur Vergrößerung und Verkleinerung des Programmfensters, der Pfeil nach unten verkleinert Organizer bis auf Symbolgröße.

Eine weitere Funktion der Kopfzeile wird aktiviert, wenn Sie mit der linken Maustaste auf einen Menüpunkt klicken, die Maus gedrückt halten und nach unten durch das Pulldown-Menü ziehen. In der Kopfzeile wird dann eine kurze Erläuterung des gerade farbig hinterlegten Menüs sichtbar.

Klicken Sie dagegen mit der rechten Maustaste auf ein Icon in der Symbolpalette, so wird die Bezeichnung des mit dem Icon verbundenen Befehls in der Kopfzeile angezeigt.

Menüzeile

In der Menüzeile finden Sie die sieben Hauptmenüpunkte des Organizers. Ganz links befindet sich ein ähnlicher Knopf wie der Systemknopf in der Kopfzeile. Dessen Optionen beziehen sich aber jeweils auf die aktive Datei. Die Menüpunkte können Sie durch Anklicken öffnen, durch F10 aktivieren, oder Sie halten Alt gedrückt und tippen den jeweils unterstrichenen Buchstaben ein. Alsdann klappt ein sogenanntes Pulldown-Menü herunter und gibt den Zugriff auf die Untermenüs frei. Über dieser werden zum Teil weitere kaskadierende Menüs erreicht, oder es öffnen sich Auswahlboxen mit einer Anzahl von Optionen.

Menüzeile aktivieren

Der siebte Menüpunkt, das HILFE-Menü, wird in Schritt 19 explizit erörtert werden.

Hilfe!

Die SmartIcons

Der Lotus Organizer ist zwar ein typisches Windows-Programm, kann aber doch sofort als Lotus-Applikation erkannt werden.

Nur Lotus-Produkte für Windows oder OS/2 verfügen über die legendären SmartIcons, kleine, aussagekräftige Symbole für die wichtigsten Menübefehle.

Nur wo Lotus draufsteht, sind auch SmartIcons drin

Diese SmartIcon- oder Symbolpalette befindet sich normalerweise unterhalb der Menüleiste, kann jedoch auch links, rechts, unten oder variabel auf dem Bildschirm plaziert werden.

Um hier Änderungen vorzunehmen, bedienen Sie sich im EXTRAS-Menü des Befehls SMARTICONS.

Sie gelangen dadurch in die Dialogbox EXTRAS-SMARTICONS, in der die zuerst einmal die Palettenposition festlegen können. Ein Klick im passenden Feld des Bereiches POSITION reicht dazu aus.

Wenn Sie das Feld PALETTE VERBERGEN ankreuzen, wird diese nicht angezeigt. Sie sparen dadurch zwar ein wenig Platz, verzichten jedoch auch auf eine Menge Funktionalität. Die Symbolpalette bietet Ihnen nämlich einen besonders schnellen Zugriff auf Menübefehle, die Sie häufig benötigen.

Sie ersparen sich dadurch unter Umständen den Windows-typischen Star-Trek-Effekt. Dieser Effekt tritt immer dann auf, wenn Sie sich irgendwann einmal in Galaxien von Untermenüs

"Beam me up, Scotty."

Abb. 2.2: SmartIcon-Palette positionieren und anpassen

oder Dialogboxen befinden, die nie zuvor ein Mensch gesehen hat.

Palette anpassen

Wenn Sie auf die Schaltfläche ANPASSEN klicken, so gelangen Sie in eine weitere Dialogbox.

Hier können Sie mit Hilfe der Maus SmartIcons aus dem Feld STANDARDSYMBOLE in das Feld AKTUELLE PALETTE ziehen. Üben Sie ein wenig mit der Maus, um die genaue Einfügeposition eines Icons genau bestimmen zu können.

Um ein Icon aus der Symbolpalette zu entfernen, ziehen Sie es einfach wieder aus dem Feld AKTUELLE PALETTE hinaus.

Achten Sie auch auf einen weiteren Effekt der SmartIcons. Da jedes Lotus-Programm die gleichen Icons bei gleicher Funktionalität verwendet, finden Sie sich zum Beispiel in Ami Pro, 1-2-3 oder Freelance Graphics ebenfalls schnell zurecht.

Die folgende Tabelle gibt Ihnen einen schnellen Überblick über die Bedeutung der einzelnen SmartIcons.

SmartIcon	Bedeutung
	Neue Datei erstellen
	Datei öffnen
	Datei schließen
	Datei speichern
	Import
	Export
	Register aufnehmen
	Verknüpfung für den Start erstellen
	Datei mit Paßwort schützen
	Mail senden
	Seitenlayout erstellen
	Drucken
	Drucker wechseln
	Organizer schließen
	Widerrufen
	Ausschneiden und kopieren in die Zwischenablage
	Kopieren in die Zwischenablage
	Einfügen aus der Zwischenablage
	Löschen von ausgewähltem Text

Schritt 2

25

SmartIcon	Bedeutung
	Suchen
	Gehe zur ersten Seite im aktuellen Register
	Gehe zur letzten Seite im aktuellen Register
	SmartIcon-Palette anpassen
	SmartIcon-Palette variabel positionieren
	SmartIcon-Palette links positionieren
	SmartIcon-Palette oben positionieren
	SmartIcon-Palette rechts positionieren
	SmartIcon-Palette unten positionieren
	Telefonprotokoll anzeigen
	Register individuell anpassen
	Hilfe
	Register hinzufügen
	Zeit einfügen
	Datum einfügen
	Organizer erneut starten
	Lotus 1-2-3 starten
	Ami Pro starten
	Lotus Notes starten

SmartIcon	Bedeutung
	cc:Mail starten
	Freelance Graphics starten
	SmarText starten
	SmartPics starten
	Zwischenraum

Tab. 2.1: Die Bedeutung der SmartIcons

Die Toolbox (Werkzeuge)

Außer den SmartIcons stehen Ihnen noch mehr hübsche Symbole zur Arbeitserleichterung zur Verfügung. Am linken Bildschirmrand befindet sich die Toolbox, darunter eine Digitaluhr und ein Abreiß-Tageskalender. Ganz unten links gibt es noch den Papierkorb.

Die folgende Tabelle erläutert die Bedeutung der einzelnen Tools.

Tool	Bedeutung
	Standardzeiger, wird auch beim Ziehen & Ablegen (Drag & Drop) eingesetzt
	Nimmt Informationen auf und legt sie an anderer Stelle wieder ab
	Verknüpft Informationen
	Unterbricht Verknüpfungen
	Zugriff auf die Zwischenablage

Tool	Bedeutung
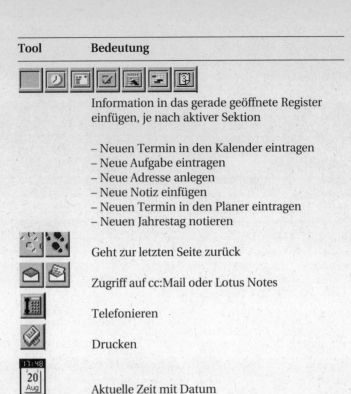	Information in das gerade geöffnete Register einfügen, je nach aktiver Sektion
	– Neuen Termin in den Kalender eintragen – Neue Aufgabe eintragen – Neue Adresse anlegen – Neue Notiz einfügen – Neuen Termin in den Planer eintragen – Neuen Jahrestag notieren
	Geht zur letzten Seite zurück
	Zugriff auf cc:Mail oder Lotus Notes
	Telefonieren
	Drucken
	Aktuelle Zeit mit Datum
	Papierkorb

Tab. 2.2: Die Bedeutung der Tools

Die Zeigerformen

Wenn Sie mit dem Lotus Organizer arbeiten, so haben Sie es häufig mit anderen Zeigerformen zu tun.

Die folgende Tabelle vermittelt Ihnen einen Eindruck der möglichen Zeigerformen und erläutert deren Bedeutung.

Zeigerform	Bedeutung
⌂	Normale Zeigerform

Zeigerform	Bedeutung
👆	Markiert, zieht oder legt ab
👈 👉	Blättert vor- oder rückwärts
I	Bearbeitungszeiger in Eingabefeldern
⏱	Bitte warten!
Ω bzw. Ω	Zeigt an, ob ein Eintrag aufgenommen werden kann bzw. gerade verschoben wird
⚓	Zeigt an, ob sich ein Eintrag verbinden läßt
⚓	Zeigt an, daß gerade eine Verbindung erstellt wird
⚓	Löst eine Verknüpfung

Tab. 2.3: Die Bedeutung der Zeigerformen der Maus im Organizer

Die Menüs DATEI, BEARBEITEN und HILFE

Vorausgesetzt, Windows-Programmentwickler halten sich an die definierten Standards, so können Sie sicher sein, als ersten Menüpunkt (von links) das DATEI-Menü und als zweiten Punkt das BEARBEITEN-Menü sowie als letzten Punkt das HILFE-Menü zu finden (lesen Sie mehr dazu in Schritt 19).

Feste Menüpositionen

Im DATEI-Menü befinden sich die Befehle zum Erstellen neuer oder zum Öffnen bestehender Dateien. In diesem Menü speichern Sie Ihre Dokumente und drucken sie aus.
    Die Menüpunkte IMPORTIEREN, EXPORTIEREN und AUFNEHMEN ermöglichen Ihnen den Datenaustausch mit anderen Programmen oder Organizer-Dateien.
    Nach den Windows-Konventionen befinden sich im DATEI-Menü auch die Druckbefehle; im Organizer sind dies SEITENFORMAT, DRUCKEN und DRUCKER WECHSELN.

DATEI-Menü

BEARBEITEN- Im BEARBEITEN-Menü befinden sich die UNDO- oder WIDERRUF-
Menü Funktion sowie die DDE- und OLE-Menüs.

DDE Über DDE ("Dynamic Data Exchange" oder dynamischer Datenaustausch) können Sie Daten aus anderen Windows-Applikationen in den Organizer einbinden. Ändern Sie Daten in der sogenannten Server-Applikation, so werden sie automatisch in der Client-Applikation (in diesem Fall der Organizer) geändert. So können Sie z. B. Daten aus Lotus 1-2-3 für Windows in den Organizer übernehmen. Ist dieses Dokument ein Monatsbericht, so referiert die DDE-Verbindung im nächsten Monat auf die geänderte 1-2-3 Tabelle- Ihr Organizer ist auf neuestem Stand.

OLE OLE (Object Linking And Embedding) läßt Sie ein Objekt aus einem anderen Windows-Programm in Ihr Dokument einfügen. Klicken Sie später auf dieses Objekt, so wird zu dessen Bearbeitung automatisch die zugehörige Applikation gestartet.

Das REGISTER-Menü

Der dritte Menüpunkt trägt den Titel REGISTER. Im ersten Abschnitt dieses Menüs befinden sich die vier Umblätter-Optio-

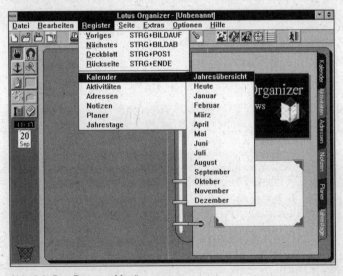

Abb. 2.3: Das REGISTER-Menü

nen, im zweiten Abschnitt werden alle verfügbaren Register aufgelistet und sind so per Mausklick oder auch per Tastatur schnell erreichbar. Das REGISTER-Menü dient also der schnellen Navigation zwischen den einzelnen Registern.

Das SEITE-Menü

Das SEITE-Menü ist, wie auch das REGISTER-Menü, schnell erklärt. Im wesentlichen bietet es vier Navigationsmöglichkeiten des Vor- und Zurückblätterns. Hier wird jedoch immer innerhalb eines Registers geblättert.

Das EXTRAS-Menü

Das EXTRAS-Menü beinhaltet in seinem ersten Abschnitt den Zugriff auf die vier wichtigten Werkzeuge aus der Toolbox. Der zweite Abschnitt beinhaltet zuerst den Menüpunkt EINFÜGEN.

Dieser Menüpunkt ändert sich je nachdem, in welchem Register Sie sich gerade befinden. Befinden Sie sich gerade im Register ADRESSEN, so heißt dieser Menüpunkt EINFÜGEN ADRESSEN, im Register AKTIVITÄTEN hieße der Punkt EINFÜGEN AKTIVITÄTEN. Wie immer der Punkt auch heißt, mit (Einfg) können Sie auch einen neuen Eintrag erstellen.

Die Menüpunkte ANRUFLISTE und TELEFON werden in diesem Quickstart bewußt vernachlässigt.

Zwar ist es wunderbar einfach, den Organizer zum Telefonieren zu nutzen, doch bezweifle ich, daß dies der Hauptanwendungsbereich zumindest in Deutschland oder gar Europa ist. In den USA sieht dies aufgrund der hervorragenden Kommunikationsinfrastruktur und der weniger restriktiven Fernmeldegesetze sicher anders aus.

In diesem Heft werden Sie also auf Hinweise zu Modembefehlen und ähnlichem verzichten müssen. Wer sich allerdings bereits mit DFÜ auskennt, wird bestimmt sofort problemlos klarkommen.

Der Menüpunkt SMARTICONS findet sich in jedem Lotus-Windows-Programm an der gleichen Stelle im EXTRAS-Menü. Mehr zu diesem Menüpunkt lesen Sie oben in diesem Schritt unter "Die SmartIcons" und in Tabelle 2.1.

Das OPTIONEN-Menü

Das OPTIONEN-Menü ist eines der wichtigsten und umfangreichsten des Organizers.

Unter INDIVIDUELL legen Sie fest, welche Register wie bezeichnet werden und in welcher Reihenfolge diese angeordnet werden sollen. Auch neue Register fügen Sie hier hinzu.

Unter dem Menüpunkt ANSICHT definieren Sie das äußere Aussehen des Organizers.

Einige Darstellungsoptionen verbergen sich auch hinter dem Menüpunkt VORGABEN, in dem sich auch die Speicheroptionen befinden.

Der Punkt AUTOMATISCHE WAHL bietet Ihnen die Möglichkeit, Ihr Modem zu konfigurieren.

Die restlichen Menüpunkte führen Sie in diverse Dialogboxen, in denen Sie die möglichen Optionen der jeweiligen Register einstellen können.

Das HILFE-Menü

Was soll man dazu schon sagen - der Organizer hält sich genau an die Windows-Konventionen. Mit INDEX, WIE KANN MAN ..., BEFEHLE, TASTATUR und ANLEITUNG gelangen Sie unter verschiedenen Gesichtspunkten in die Hilfe-Datei des Organizers. ÜBER ORGANIZER zeigt Ihnen die aktuelle Programmversion sowie Namen und Firma des registrierten Anwenders an.

Maus oder Tastatur?

"Der mit der Maus tanzt ..."

Wie quasi alle Applikationen für grafische Benutzeroberflächen, zum Beispiel Windows, ist der Organizer eindeutig für die Bedienung mit einer Maus konzipiert. Nur mit ihr kann Organizer seine Stärken voll ausspielen. Viele Befehle sind über die Tastatur viel umständlicher als mit der Maus und zum Teil auch gar nicht ausführbar, man denke dabei nur an das Drag&Drop.

Per Tastatur

Einige Kommandos dagegen, meist die (Strg)-Kommandos, sind auch oder gerade über die Tastatur gut zu nutzen. Die (Strg)-Befehle werden in den Pulldown-Menüs mit einem vorangestellten "STRG" gekennzeichnet, im DATEI-Menü beispielsweise steht "STRG+S" für (Strg)(S), also DATEI-SPEICHERN.

Schritt 2

Mit der Kombination [Alt]<Taste> können Sie fast alle Menüpunkte aufrufen. Dazu halten Sie [Alt] gedrückt und geben nacheinander die unterstrichenen Buchstaben der zu aktivierenden Menütitel ein.

Schnell ins Menü

Auch bei der Arbeit am Laptop oder Notebook steht häufig keine Maus zur Verfügung, die Funktionalität des Organizers wird dadurch jedoch kaum behindert, wie die folgende Tabelle verdeutlicht.

Laptop

Tastenkombination	Bedeutung
[F1]	Kontextsensitive Hilfe
[F2]	Bestätigen einer Termineingabe (wie ein Klick auf den grünen Haken)
	Suchen nach Text
[F5]	Bei der Termineingabe den Wecker stellen
[F6]	Bei der Termineingabe einen Programmstart festlegen
[F7]	Bei der Termineingabe Kostenstellencodes eintragen
[F8]	Einen Termin als vertraulich eintragen
[F9]	Bei der Termineingabe diesen als wiederkehrend markieren
[F10]	Menüleiste aktivieren
[Esc]	Dialogbox schließen, Vorgang abbrechen
[Einfg]	Neuen Eintrag einfügen
[Entf]	Löschen
[Bild ↑]	Vorblättern
[Bild ↓]	Zurückblättern
[Pos 1]	1. Seite im aktuellen Register (im Editiermodus den Cursor zum Zeilenanfang bewegen)
[Ende]	Letzte Seite im aktuellen Register (im Editiermodus den Cursor zum Zeilenende bewegen)
[↑] oder [↓]	Cursor eine Zeile nach oben oder unten bewegen
[→] oder [←]	Cursor ein Zeichen nach rechts oder links bewegen

Tastenkombinationen

Schritt 2

33

Tastenkombination	Bedeutung
⇧ Entf	Ausschneiden
⇧ Einfg	Einfügen
⇧ Strg A	Speichern unter
Alt <beliebige Taste>	Ruft passendes Menü auf
Alt ←	Linke Seite ausklappen
Alt →	Rechte Seite ausklappen
Alt ↓	Linke oder rechte Seite einklappen
Alt ⇐	Widerrufen
Strg ← oder Strg →	Den Cursor ein Wort nach links oder rechts bewegen
Strg Einfg	Kopieren
Strg Bild↑	Voriges (im Editiermodus eine Bildschirmseite nach oben scrollen)
Strg Bild↓	Nächstes (im Editiermodus eine Bildschirmseite nach unten scrollen)
Strg Pos 1	Deckblatt des Organizers (im Editiermodus den Cursor zum vorherigen Textblock bewegen)
Strg Ende	Rückseite des Organizers (im Editiermodus den Cursor zum folgenden Textblock bewegen)
Strg A	Anker
Strg B	Geht zur zuletzt angezeigten Seite
Strg C	Kopieren
Strg D	Wählen
Strg E	Exportieren
Strg F	Verbinden mit einer externen Datei
Strg H	Hand
Strg I	Importieren
Strg L	Register aus anderer Organizer-Datei aufnehmen
Strg M	Magnet
Strg N	Neue Datei erstellen
Strg P	Drucken
Strg S	Speichern
Strg T	Geht zum aktuellen Datum im Kalender
Strg O	Öffnen
Strg Z	Widerrufen

Tab. 2.4: Die Tastaturbelegung des Organizers

Schritt 2

Schritt 3:
Anwendungsbeispiel

Sie hatten gerade noch die Zeit, den Organizer zu kaufen? Sie haben jedoch kaum die Zeit, diesen Quickstart komplett zu lesen? Gut, dann schauen Sie sich wenigstens das folgende Anwendungsbeispiel an. Wenn Sie dann durch den täglichen Einsatz des Organizers etwas Zeit gespart haben, so können Sie ja den Rest dieses Buches lesen, um die Feinheiten des Programms kennenzulernen. Für unser Anwendungsbeispiel nutzen wir die mitgelieferte Beispieldatei PROJEKT.ORG. In diesem Anwendungsbeispiel sehen Sie zwar das Beispiel einer möglichen Anwendung, werden jedoch nicht viele Aktionen durchführen, dazu ist der Rest des Buches da. In diesem Schritt sollen Sie lediglich einen Überblick über verschiedenen Möglichkeiten des Organizers erhalten.

Wählen Sie dazu im DATEI-Menü den Punkt ÖFFNEN an. Suchen Sie mit Hilfe des Bereichs VERZEICHNISSE nach C:\ORGANIZE\BEISPIEL. Dort befindet sich die gesuchte Datei. Klicken Sie diese an, und bestätigen Sie mit OK (Abbildung 3.1).

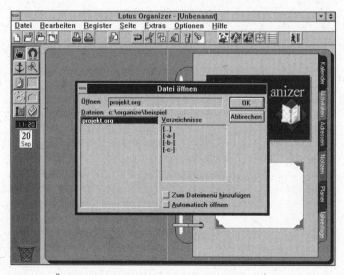

Abb. 3.1: Öffnen der Beispieldatei

Diese individuell gestaltete Beispieldatei enthält die folgenden Register:

- Notizen
- Maße & Gewichte
- Zeitzonen
- Kalender
- Aktivitäten
- Adressen

Mit REGISTER-NOTIZEN oder durch einen Klick auf den grünen Registermarken mit der Beschriftung NOTIZEN gelangen Sie in das erste Register. In diesem Register befinden sich vier Kapitel:

- Auf ein Wort ...
- Geschäftliches
- Ideen-Sammlung
- Programme

Verknüpfungen

Durch einen Mausklick auf ein Kapitel oder Unterkapitel blättert der Organizer an die betreffende Stelle. Klicken Sie nun auf

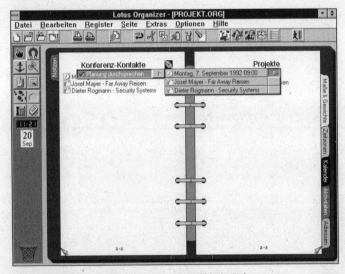

Abb. 3.2: Drei Einträge und ein Hinweis auf Verknüpfungen

Schritt 3

36

das Unterkapitel "Konferenz-Kontakte" (Seite 2-2). Sie sehen hier drei Einträge und ein Kettenglied rechts neben der Überschrift dieses Unterkapitels (Abbildung 3.2).

Dieses Kettenglied weist auf drei Verknüpfungen hin, die in diesem Unterkapitel enthalten sind. Ein Klick auf dieses Kettenglied zeigt die Verknüpfungen und eventuelle Unterverknüpfungen an (Abbildung 3.3). Halten Sie dabei die Maustaste gedrückt. Wenn Sie die Maustaste loslassen, so blättert der Organizer zum verknüpften Eintrag, auch wenn sich dieser in einem anderen Register befindet.

Sie können jedoch auch direkt auf "Montag, 7. September 1992, 09:00" oder "Josef Mayer - Far Away Reisen" klicken. Der Organizer blättert daraufhin ebenfalls direkt an die verknüpfte Stelle im Register KALENDER oder ADRESSEN.

Blättern Sie nun vor auf die Seite 2-4 im Register NOTIZEN, und klicken Sie dort auf "Meeting vorbereiten". Sie gelangen in das Register AKTIVITÄTEN, in dem bereits vier Einträge stehen (Abbildung 3.3). Der erste Eintrag ist rot dargestellt, da er bereits überfällig ist. Der zweite Eintrag ist zum Zeitpunkt der Drucklegung dieses Buches noch grün. Wenn Sie nach dem 8.10.1992 mit dieser Beispieldatei arbeiten, wird er ebenfalls rot sein. Ein grüner Eintrag ist zwar fällig, jedoch noch nicht überfällig. Erst in der Zukunft fällige Aktivitäten sind in blauer Schrift dargestellt.

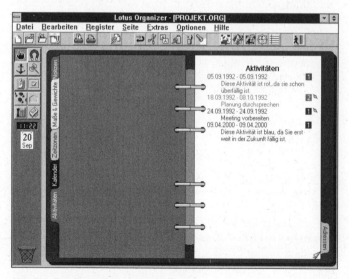

Abb. 3.3: Das Register AKTIVITÄTEN

Schritt 3

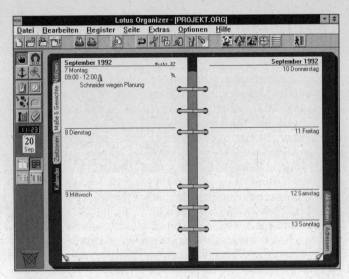

Abb. 3.4: Der verknüpfte Eintrag im Register KALENDER

Klicken Sie nun auf das Kettenglied rechts neben der zweiten Aktivität mit der Bezeichnung "Planung durchsprechen".

Wählen Sie dort die Verknüpfung "Montag, 7. September 1992, 09:00" an. Sie gelangen dadurch in das Register KALENDER.

In Abbildung 3.4 sehen Sie den verknüpften Eintrag mit dem Text "Schneider wegen Planung". Das kleine Glöckchen gibt an, daß Sie durch ein akustisches Signal auf diesen Termin hingewiesen werden.

Wieder klicken Sie nun auf das kleine Kettenglied rechts vom Kalendereintrag. Wenn Sie nun auf den nach rechts weisenden Pfeil hinter der Verknüpfung "Konferenz-Kontakte" klicken, so wird dort "Josef Mayer - Far Away Reisen" sichtbar. Klicken Sie diese Verknüpfung an.

Sie befinden sich nun im Register ADRESSEN, genau auf der Adresse des Herrn Mayer und sehen, daß dieser in der Hansastr. 12 in München wohnt.

Über die Verknüpfung dieser Adresse begeben Sie sich nun zurück in das Register NOTIZEN zum Punkt "Konferenz-Kontakte". Dort blättern Sie vor bis auf Seite 4-2 (Abbildung 3.5).

Programme starten

Hier lesen Sie am besten erst einmal das Unterkapitel "Starten von Programmen". Wenn der Text nicht komplett angezeigt wird, so können Sie durch einen Klick darauf eine vertikale Rollleiste aktivieren, mit deren Hilfe Sie durch den Text rollen können.

Auf der Seite 4-3 können Sie nun entweder über das Symbol für Verknüpfungen (das Kettenglied) oder direkt durch einen Klick auf eines der kleinen Diskettensymbole die entsprechende Anwendung (falls vorhanden) starten. Wenn der Organizer ein Programm nicht findet, so fordert er Sie auf, in der Verknüpfung den korrekten Pfad anzugeben.

Auf diese Art und Weise können Sie den Organizer leicht als Windows-Shell benutzen und Ihre regelmäßig benötigten Programme direkt aus ihm starten, ohne einen Umweg über den Programm-Manager von Windows machen zu müssen.

Die Register ZEITZONEN (Abbildung 3.6) und MAßE & GEWICHTE sind Beispiele für die ausgezeichnete Möglichkeit, Bilder oder Tabellen in den Organizer einzubinden. Alles was Sie in irgendeiner Weise in die Windows-Zwischenablage hineinbekommen, können Sie in ähnlicher Form in den Organizer aufnehmen.

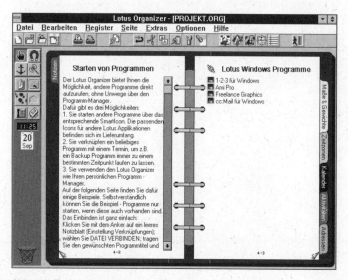

Abb. 3.5: Programme starten

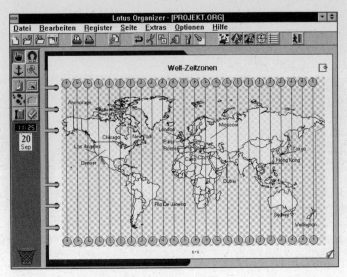

Abb. 3.6: Das aufgeklappte Register ZEITZONEN

Übrigens, haben Sie bemerkt, daß die beiden letztgenannten Register nicht anderes als NOTIZEN-Register sind, lediglich mit anderem Namen?

Dieses in diesem Schritt gezeigte Beispiel einer Organizer-Anwendung sollte Ihnen jetzt den letzten Schubser zum sofortigen Start in den Organizer-Spaß gegeben haben.

Schritt 4:
Neue Datei/Konfiguration

Wenn Sie den Organizer das erste Mal starten, so verfügen Sie bereits über eine völlig jungfräuliche Datei.
 Anderenfalls können Sie mit DATEI-NEU eine solche kreieren. Diese sollte natürlich perfekt Ihren Bedürfnissen angepaßt werden.

Speichern

Als erstes sollten Sie der Datei einen Namen geben und sie damit speichern. Wählen Sie also DATEI-SPEICHERN, geben Sie [Strg][S] ein, oder klicken Sie auf das entsprechende SmartIcon.
 In der sich nun öffnenden Dialogbox geben Sie ein beliebiges Präfix für den Dateinamen ein. Die Endung .ORG behalten Sie am besten bei, damit Sie beim späteren Öffnen von Dateien diese leichter wiederfinden können. Bei Bedarf können

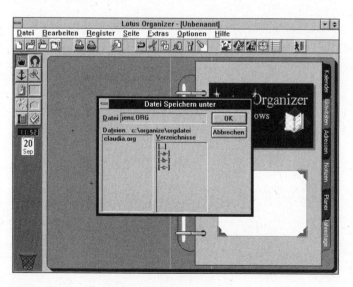

Abb. 4.1: Die Dialogbox DATEI-SPEICHERN UNTER

Sie vorher noch im Feld VERZEICHNISSE ein beliebiges Unterverzeichnis für Ihre Datei bestimmen.

Bestätigen Sie mit OK. In der Titelleiste steht nun Ihr Dateiname.

Machen Sie sich ein Bild

Starten wir doch dazu einfach mit dem Deckblatt. Sie haben dabei zwei Möglichkeiten, ein anderes Bild auf dem Deckblatt darzustellen.

Die erste und einfachere Lösung ist der Gebrauch der Windows-Zwischenablage. Wenn Sie in einem beliebigen Windows-Programm, zum Beispiel Freelance Graphics, ein Bild zur Verfügung haben, so sollten Sie dieses von dort mit BEARBEITEN-KOPIEREN in die Zwischenablage von Windows kopieren können.

Wenn Sie dies getan haben, wechseln Sie in den Organizer und klicken dort auf das Tool für die Zwischenablage. Halten Sie die Maustaste gedrückt, und ziehen Sie die Maus auf das Deckblatt Ihres Organizers. Lassen Sie dann die Maustaste los. Alternativ können Sie auch die Tastenkombination ⇧ Einfg nutzen.

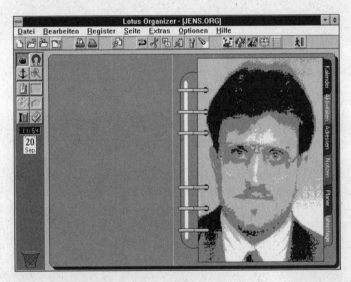

Abb. 4.2: Persönliches Deckblatt erstellen

Der Inhalt der Zwischenablage wird nun als Bild eingefügt. Hätte die Zwischenablage jedoch Text enthalten, so wäre dieser in das untere Textfeld eingefügt worden. Dort können Sie zum Beispiel Ihren Namen wie in Abbildung 4.2 eintragen.

Wenn Sie ein solches Bild wieder entfernen möchten, halten Sie die ⇧-Taste gedrückt und wählen BEARBEITEN-LÖSCHEN. So wird das Original-Deckblatt wiederhergestellt.

Wenn Sie zum Einfügen eines Bildes eine andere Tastenkombination als die oben beschriebene wählen, können Sie die Anzeige des Bildes noch weiter beeinflussen.

Kombination	Funktion
⇧ Strg Einfg	Das Bild wird nicht auf der Seite zentriert, sondern beginnt in der linken, oberen Ecke. Es füllt den Bildschirm bei genau 242x375 Pixeln auf einem VGA-Bildschirm
⇧ Alt Einfg	Paßt das Bild (nicht maßstabsgetreu) dem oberen Teil des Deckblatts an
⇧ Strg Alt Einfg	Füllt das Deckblatt vollständig und paßt es in der Größe an

Tab. 4.1: Optionen der Deckblattgestaltung

So sollte es funktionieren - wenn nicht, dann wählen Sie statt ⇧ einfach den Punkt EINFÜGEN im BEARBEITEN-Menü.

Die zweite Möglichkeit, Bilder auf das Deckblatt zu "kleben" finden Sie in Schritt 16, INI-Dateien, erläutert.

Paßwörter

Die meisten Zeitplaner haben kein Schloß oder einen anderen Schutz. Der Organizer verfügt dagegen über einen dreistufigen Paßwortschutz.

Wenn eine Organizer-Datei paßwortgeschützt gespeichert wurde, gelangt niemand ohne Kenntnis zumindest eines der Paßwörter an eine so verriegelte Datei.

Schützen Sie sich!

Wählen Sie dazu im DATEI-Menü den Punkt PASSWÖRTER an. Sie können (und sollten) nun wie in Abbildung 4.3 drei verschiedene Paßwörter eingeben.

Schritt 4

43

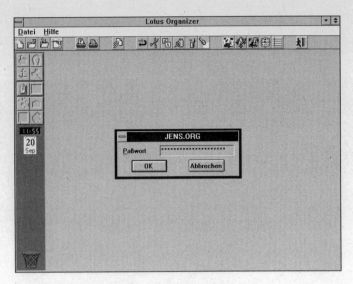

Abb. 4.3: Öffnen einer paßwortgeschützten Datei

Die Tabelle 4.2 zeigt, wie sich die drei Sicherheitsstufen auf die Zugriffsrechte zu Ihrer Datei auswirken.

Stufe	Zugriffsrecht
Privat	Alle Rechte
Öffentlich	Alle Rechte außer dem Zugriff auf als vertraulich markierte Informationen, Kollegen oder Mitarbeiter können neue Termine für Sie eintragen (oft sinnvoll im Netz)
Nur lesen	Leserechte, Kollegen oder Mitarbeiter können Ihre öffentlichen Termine und Notizen lesen, jedoch nichts neu eintragen

Tab. 4.2: Die Zugriffsrechte der Sicherheitsstufen

Zwar können Sie für jede Sicherheitsstufe dasselbe Paßwort verwenden, empfehlenswert ist dies sicher nicht. Ebenfalls sollten Sie es vermeiden, derart ausgeklügelte Paßwörter wie "123" oder den Namen Ihrer Herzdame zu wählen. Immerhin stehen Ihnen pro Stufe 24 Buchstaben zur Verfügung.

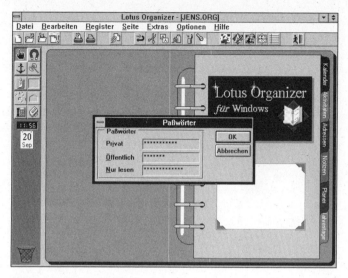

Abb. 4.4: Paßwörter definieren

Anzeige- und Sicherungsoptionen

Nun wo Sie über eine optisch ansprechende und gut geschützte, persönliche Organizer-Datei verfügen, soll an dieser Stelle noch auf die Optionen der Bildschirmanzeige Ihres Organizers eingegangen werden.

Im Menü OPTIONEN-ANSICHT (Abbildung 4.5) legen Sie fest, wie Ihr Zeitplanbuch aussehen soll. Zugegeben, auf einen Ledereinband werden Sie verzichten müssen. Doch immerhin können Sie die BUCHFARBE frei auswählen. Dazu müssen Sie lediglich das gleichnamige Pullup-Menü aktivieren und auf die gewünschte Farbe klicken.

Im Bereich REGISTERMARKEN können Sie weitere Einstellungen vornehmen. GRÖSSE ANPASSEN kreuzen Sie an, wenn Sie die Breite der Registermarken passend zur Breite der Beschriftung wählen möchten.

Die Option ÜBERLAPPEN ZU erscheint reichlich überflüssig, mit ihr geben Sie an, um wieviel Prozent die einzelnen Registermarken überlappen dürfen (bestimmt äußerst wichtig).Im Auswahlfeld BREITE können Sie die Größe der Registermarken zwischen SCHMAL, MITTEL und BREIT auswählen.

Schritt 4

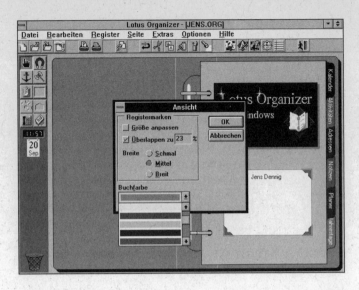

Abb. 4.5: Die Dialogbox ANSICHT

Wichtiger als das Menü OPTIONEN-ANSICHT ist sicher das Menü OPTIONEN-VORGABEN (Abbildung 4.6). Dessen Dialogbox teilt sich in die beiden Bereiche SPEICHERN und ANZEIGEN.

Im Bereich SPEICHERN können Sie zwischen drei Möglichkeiten wählen. Entweder speichert der Organizer NACH JEDER ÄNDERUNG automatisch oder NUR NACH AUFFORDERUNG, wenn Sie DATEI-SPEICHERN wählen. Die dritte Möglichkeit ist ALLE __ MINUTEN. Hier können Sie eingeben, in welchen Abständen gespeichert werden soll. Wenn Sie MIT BESTÄTIGUNG ankreuzen wird nicht automatisch gesichert, sondern vorher Ihre Erlaubnis eingeholt. Die Option SICHERUNGSKOPIE ERSTELLEN ist als Voreinstellung aktiviert.

Ich halte eine automatische Sicherungskopie für äußerst sinnvoll und keinesfalls für unnötigen Festplatten-Ballast, da die Funktion BEARBEITEN-WIDERRUFEN im Gegensatz zu den anderen Lotus-Windows-Programmen nur zum Teil wirksam ist. Zwar können Sie meist den letzten Schritt rückgängig machen (z.B. das Löschen eines Eintrags), doch wenn Sie einmal ein komplettes Register gelöscht haben sollten, dann war es das.

Sollte Ihnen diese Gefahr nicht eine Sicherheitskopie wert sein?

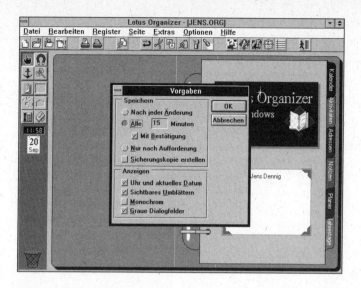

Abb. 4.6: Die Dialogbox VORGABEN

Im Bereich ANZEIGEN befinden sich vier Optionen. Mit UHR UND AKTUELLES DATUM bestimmen Sie deren Anzeige unterhalb der Toolbox. SICHTBARES UMBLÄTTERN animiert Sie zu der Annahme, Sie hätten es mit einem richtigen Buch zu tun. Auf langsamen Rechnern sollten Sie diese Option deaktivieren. MONOCHROM sollten Sie ankreuzen, wenn Sie auf einem Laptop mit LCD-Display arbeiten. Schöner sieht Ihr Organizer aus, wenn Sie den Punkt GRAUE DIALOGFELDER ankreuzen. Warum können nicht alle Windows-Programme so elegant aussehen?

Schritt 5:
Kalender

Wenn Sie mit der Maus auf die den obersten, blauen Registermarken mit der Aufschrift KALENDER klicken, so wird Ihnen die Übersicht über das aktuelle Jahr angezeigt.

Ein Klick auf den Seitenrand, zum Beispiel auf 93 oder 99, zeigt die Übersicht der anderen Jahre an. Mit [Bild ↑] und [Bild ↓] oder Mausklicks auf die Eselsohren an den Blatträndern können Sie ebenfalls ein Jahr vor- oder zurückblättern.

Anderes Jahr

Die zwölf Monate werden mit der Bezeichnung der Wochentage abgebildet, der aktuelle Wochentag ist immer rot umrandet.

Aktueller Wochentag

Um nun zu einem beliebigen Tag zu blättern, haben Sie mehrere Möglichkeiten. Entweder klicken Sie auf den rot umrandeten Tag oder auf den Abreißkalender links unter den Werkzeugen, um zum heutigen Tag zu gelangen. Mit der Tastatur wählen Sie dazu REGISTER-KALENDER-HEUTE oder zum Beispiel REGISTER-

Blättern

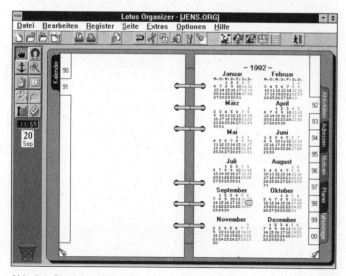

Abb. 5.1: Die Jahresübersicht

KALENDER-AUGUST, um zum ersten Tag im August zu gelangen. Um Tag für Tag durchzublättern, können Sie entweder jetzt mit den Tasten [Bild↓] und [Bild↑] arbeiten oder mit der Maus wie bereits oben beschrieben auf die Eselsohren an den unteren Seitenrändern klicken.

Ihnen wird auffallen, daß am linken Bildrand unter dem Abreißkalender ein neues Feld mit vier Symbolen erschienen ist.

Diese bieten folgende Darstellungsmöglichkeiten des Kalenders:

– Ein Tag pro Seite

– Eine Woche pro Doppelseite, Samstag und Sonntag kleiner dargestellt

– Eine Woche pro Doppelseite, alle Tage gleich groß

– Eine Woche pro Seite

Die Abbildungen 5.2 und 5.3 zeigen die zwei Optionen EIN TAG PRO SEITE und EINE WOCHE PRO DOPPELSEITE.

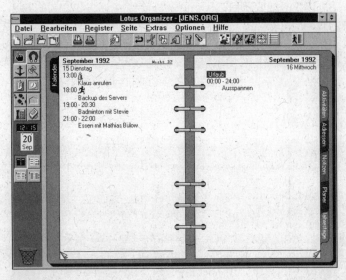

Abb. 5.2: Ein Tag pro Seite

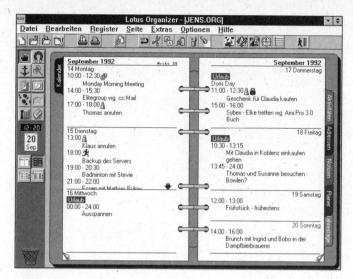

Abb. 5.3: Eine Woche pro Doppelseite

Kalender-Optionen

In der Dialogbox KALENDER OPTIONEN können Sie erst einmal festlegen, wie Sie Ihre Termine anlegen und anzeigen möchten (Abbildung 5.4).

Zuerst einmal sollten Sie die Länge Ihres Arbeitstages definieren. Dazu benutzen Sie die beiden kleinen Uhren im Feld ARBEITSTAG der Dialogbox KALENDER OPTIONEN. Sowohl die obere als auch die untere Uhr können Sie nach oben und unten verschieben und so die Länge Ihres Arbeitstages bestimmen.

Falls Sie in den Organizer auch private Termine eintragen möchten, so können Sie Ihren Arbeitstag auch ruhig 24 Stunden lang machen (Sie müssen dies ja nicht Ihrem Vorgesetzten zeigen!).

Im Bereich TERMINE stellen Sie das ZEITRASTER ein, in dem Sie terminieren möchten. Wählen Sie in dem Pulldown-Menü zwischen 5, 10, 15, 20, 30 oder 60 Minuten. Als VORGABEDAUER sind 60 Minuten eingetragen, die Sie beliebig abwandeln können.

In ANZEIGEN __ LINIEN ist als Vorgabe ALLE eingetragen. Dies bedeutet, daß immer der gesamte zu einem Termin gehörende Text angezeigt wird. Tragen Sie dort eine Zahl ein, so wird nur diese entsprechende Anzahl von Zeilen dargestellt (fragen Sie

Schritt 5

51

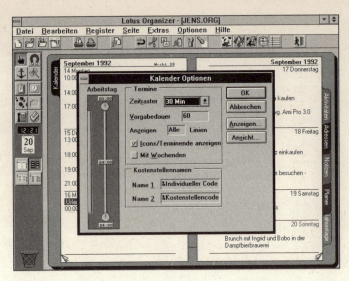

Abb. 5.4: Optionen des Kalenders

mich bitte nicht, wieso in der Dialogbox "Linien" statt "Zeilen" steht).

Wenn Sie auf einen Blick das Ende des Termins erkennen möchten, so kreuzen Sie noch die Option ICONS/TERMINENDE anzeigen an. Dadurch werden ebenfalls die kleinen Symbole zum Beispiel für Alarm oder den Paßwortschutz eines Termins angezeigt. Kreuzen Sie nun noch AN WOCHENENDEN an, so können Sie auch am Samstag und Sonntag mit wiederkehrenden Terminen bedacht werden.

Im Bereich KOSTENSTELLENNAMEN können Sie in den Feldern NAME 1 und NAME 2 zwei beliebige Bezeichnungen wie zum Beispiel KUNDENNUMMER und LEISTUNG eintragen.

Diese Feldnamen können später von Ihnen ausgewertet werden, wenn Sie das Register KALENDER zum Beispiel monatlich ins dBase-Format exportieren und diese Infos als Grundlage Ihrer Rechnungsschreibung nehmen.

Sie brauchen als Vorarbeit lediglich zu jedem Kundentermin die entsprechende Kundennummer und die Leistung zu notieren.

Mehr zu diesem Thema lesen Sie in Schritt 15, Working Together.

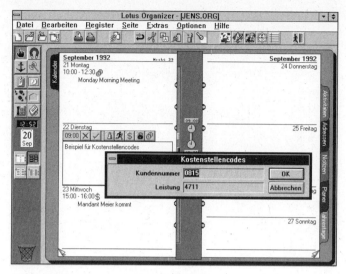

Abb. 5.5: KOSTENSTELLENCODES zum Termin eintragen

Mit Hilfe der Schaltflächen ANZEIGEN und ANSICHT gelangen Sie in zwei weitere Dialogboxen (Abbildungen 5.6 und 5.7). In ANZEI-

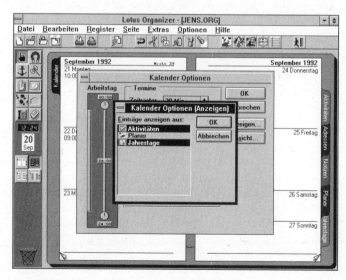

Abb. 5.6: Dialogbox KALENDER OPTIONEN (ANZEIGEN)

Schritt 5

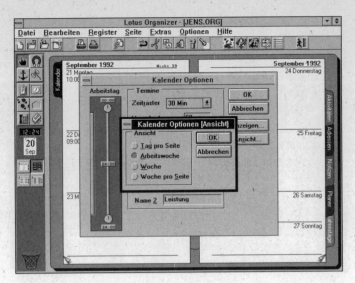

Abb. 5.7: Dialogbox KALENDER OPTIONEN (ANSICHT)

GEN legen Sie fest, welche Registereinträge Sie im Kalender darstellen möchten und mit ANSICHT bestimmen Sie, wie viele Wochentage pro Kalenderseite angezeigt werden sollen.

Termine machen

"Make my Date ..."

Um nun die nicht zu vermeidenden Eingriffe in Ihr Leben, sprich Termine, im Organizer unterzubringen, klicken Sie auf EXTRAS-EINFÜGEN Termin (vorausgesetzt, Sie befinden sich im Register KALENDER) und gelangen in die Dialogbox wie in Abbildung 5.8.

Im Feld DATUM geben Sie den Tag ein, an dem der Termin stattfinden soll. Wenn an diesem Tag bereits Einträge vorliegen, so sind diese rot gekennzeichnet. Mit einem Klick auf die Schaltfläche FREIE ZEIT gelangen Sie zum nächsten freien Zeitblock, den der Organizer finden kann.
    Wenn Sie das Feld MIT WOCHENENDEN nicht markiert haben, so übergeht der Organizer den Samstag und Sonntag bei der Suche nach freier Zeit. Mit GEHE ZU können Sie direkt zu der betreffenden, bereits belegten Stelle blättern. Wenn Sie die Dialogbox ein wenig verschieben, sehen Sie, welcher Termin Sie da gera-

Schritt 5

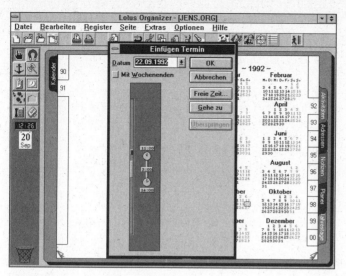

Abb. 5.8: Neuen Termin eintragen

de blockiert. Mit ÜBERSPRINGEN können Sie bereits existierende wiederkehrende Termine bei der Suche überspringen.

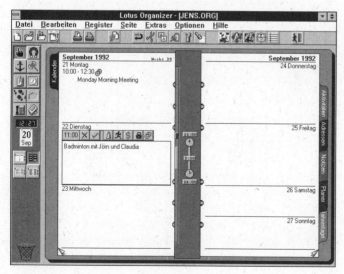

Abb. 5.9: Text des Termins eintragen

Schritt 5

Mit OK gelangen Sie dann zum gewünschten Tag und können dort den Text Ihres Termins eintragen (Abbildung 5.9). Sie hätten aber auch direkt auf die Seite mit dem entsprechenden Datum klicken können.

Wenn Sie den Text des Termins eingetragen haben, können Sie nochmals die Start- oder Endzeit des Termins verändern, indem Sie die kleinen Uhren in der Seitenmitte nach oben oder unten schieben.

Ein Klick auf den grünen Haken oder ein Druck der Taste F2 schließt die Eingabe ab. Mit Esc oder einem Klick auf das rote Kreuz brechen Sie ab.

Ein Klick auf die Glocke oder ein Druck auf die Taste F5 aktiviert die Dialogbox WECKER, in der Sie festlegen können, zu welcher Zeit Sie mit welcher Melodie auf den Termin aufmerksam gemacht werden möchten (Abbildung 5.10).

Mit TEST können Sie sich die einzelnen Mach- bzw. Kunstwerke (je nach Geschmack) erst einmal anhören, bevor Sie mit OK bestätigen. Nicht ohne jedoch zuvor bestimmt zu haben, wie viele Minuten vorher es klingeln soll.

Fünf Minuten ist in diesem Fall immer die recht praktische Vorgabe. Mit F6 oder einem Klick auf den Läufer gelangen Sie

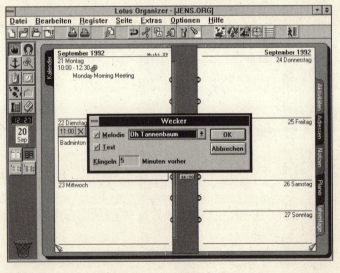

Abb. 5.10: Schriller die Glocken nie klingen

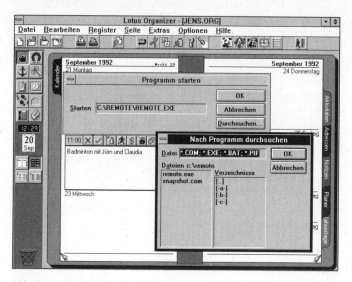

Abb. 5.11: Dieses Programm ist ein Renner - die Dialogbox PROGRAMM STARTEN

in die Dialogbox in Abbildung 5.11. In ihr können Sie angeben, welches Programm zum gewünschten Zeitpunkt starten soll.

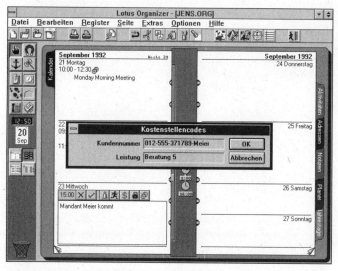

Abb. 5.12: Umsonst ist der Tod - die Dialogbox KOSTENSTELLENCODES

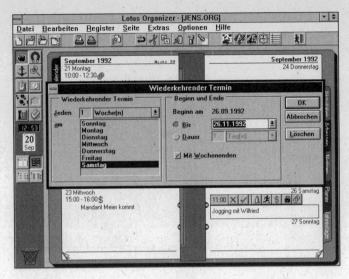

Abb. 5.13: Immer wieder ... - die Dialogbox WIEDERKEHRENDER TERMIN

Ein Klick auf das F4-Zeichen oder ein Druck der F7-Taste aktiviert die Dialogbox KOSTENSTELLENCODES (Abbildung 5.12). Die Bedeutung der Codes wurde bereits in diesem Schritt erläutert.

Mit F8 oder einem Klick auf das Vorhängeschloß schalten Sie den Paßwortschutz dieses Termins ein oder aus.

Das letzte Symbol (mit den beiden Uhren) führt Sie, wie auch F9, in die Dialogbox WIEDERKEHRENDER TERMIN (Abbildung 5.13).

Hierin können Sie im Bereich WIEDERKEHRENDER TERMIN genau festlegen, nach welcher Regel der Termin sich wiederholt, zum Beispiel jeden zweiten Tag oder jeden dritten Freitag im Monat. Im Bereich BEGINN UND ENDE tragen Sie dann noch ein, wann der Termin nicht mehr wiederkehrt.

Melodien komponieren

Wenn Ihnen die Melodien des Weckers nicht zusagen, so können Sie leicht Ihre eigenen Kompositionen nutzen. "Leicht" bezieht sich dabei auf den Umgang mit dem Organizer, nicht auf das Komponieren.

In der Datei ORGANIZE.INI in Ihrem Verzeichnis ORGANIZE sind die Standardmelodien im Abschnitt [Tunes] aufgeführt. Lesen Sie dazu auch Schritt 16, INI-Dateien. Mit dem Windows-Notizblock oder einem anderen geeigneten Editor können Sie dort leicht Änderungen ausführen.

Jede Melodie beginnt dabei mit einem Namen, gefolgt von einem Gleichheitszeichen. Danach folgen, durch Kommata getrennt, die einzelnen Noten. Deren Dauer wird dabei durch einen beliebigen Zahlenwert zwischen 2 und 100 bestimmt, der hinter einem Schrägstrich direkt auf die Zahl folgt.

Diese Zahlenwerte dividieren die Noten, damit diese eine Länge unter einer vollen Note erhalten. Eine 2 symbolisiert dabei eine halbe Note, eine 16 eine sechszehntel Note.

Also ist die korrekte Syntax

```
Melodiename=Note/Dauer,Note/Dauer,...
```

Die Marsaillaise sieht also beispielsweise so aus:

```
Marseillaise=20/12,20/24,25/8,25/8,27/8,27/
8,32/5,29/24,25/12,25/24,29/12,25/24,22/8,30/
4,27/12,24/24,25/4,0/8
```

Auf eine zwölftel G#3 folgt eine vierundzwanzigstel G#3, dann zwei achtel C#4 und so weiter.

Noten und ihre Umsetzung für den Organizer-Wecker

Pause	0	C3	12	C4	24	C5	36	C6	48	C7	60
C#2	1	C#3	13	C#4	25	C#5	37	C#6	49	C#7	61
D2	2	D3	14	D4	26	D5	38	D6	50	D7	62
D#2	3	D#3	15	D#4	27	D#5	39	D#6	51	D#7	63
E2	4	E3	16	E4	28	E5	40	E6	52	E7	64
F2	5	F3	17	F4	29	F5	41	F6	53	F7	65
F#2	6	F#3	18	F#4	30	F#5	42	F#6	54	F#7	66
G2	7	G3	19	G4	31	G5	43	G6	55	G7	67
G#2	8	G#3	20	G#4	32	G#5	44	G#6	56	G#7	68
A2	9	A3	21	A4	33	A5	45	A6	57	A7	69
A#2	10	A#3	22	A#4	34	A#5	46	A#6	58	A#7	70
B2	11	B3	23	B4	35	B5	47	B6	59	B7	71

Tab. 5.1: Zahlenwerte der Noten

Preisausschreiben

Lust auf SYBEX-Bücher im Wert von DM 123,- ???

Sind Sie Musiker, MIDI-Freak oder Komponist? Senden Sie uns Ihre eigene Melodie im [Tunes]-Format des Organizers als ASCII-Datei, und gewinnen Sie SYBEX-Bücher im Wert von DM 123,- nach Ihrer Wahl.

Die schönste Melodie wird prämiert und unter Umständen später veröffentlicht.

Ihre Komposition senden Sie bitte an:

Jens Dennig
c/o SYBEX-Verlag GmbH
Stichwort: Quickstart Lotus Organizer
Postfach 150361
4000 Düsseldorf 1

Schritt 6:
Aktivitäten

Vorsicht! Vor einer Benutzung des Registers AKTIVITÄTEN muß ich Sie dringend warnen. Die eingetragenen Aktivitäten können Sie nicht einfach so vergessen! Wenn der Fälligkeitstermin einer Aktivität überschritten ist, wird diese gnadenlos jeweils einen Tag weiter nach vorn geschoben. Falls Sie so tapfer waren, sie im KALENDER anzeigen zu lassen ...
Was, Sie lesen immer noch weiter!? Na gut, wer nicht hören will, der muß halt die Aktivitäten tragen.

"Früher oder später kriegen wir ihn", sagten die Aktivitäten.

Wenn Sie mit der Maus auf den zweiten Registermarken von oben klicken oder REGISTER-AKTIVITÄTEN wählen, so gelangen Sie in das anfangs noch völlig leere Register. Klicken Sie einmal auf diese leere Seite, so erscheint wie von Geisterhand die Dialogbox aus Abbildung 6.1.
Im Feld BESCHREIBUNG tragen Sie nun ein, was immer Sie an Unerledigtem auf der Seele haben und irgendwann erledigen wollen/sollen/müssen.

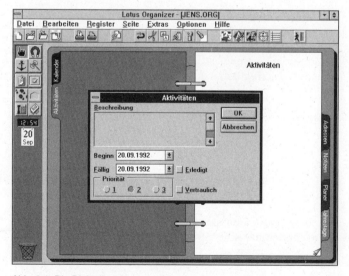

Abb. 6.1: Die Dialogbox AKTIVITÄTEN

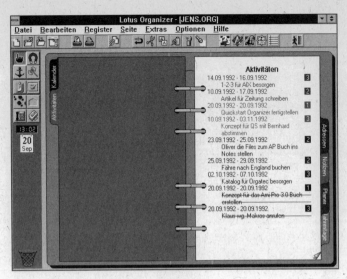

Abb. 6.2: Eine bereits gefüllte Aktivitätenliste

Die Felder BEGINN und FÄLLIG füllen Sie mit dem frühesten und dem spätesten Erledigungsdatum aus.

Man merkt es an den drei verräterischen Ziffern - der Organizer ist ein Lotus-Programm

Im Bereich PRIORITÄT markieren Sie eine der Ziffern 1, 2 oder 3. Diese Markierung bestimmt die Reihenfolge, in der die Aktivitäten später aufgelistet werden.

Mit einem Klick auf VERTRAULICH schützen Sie einen Eintrag vor nicht autorisierten Benutzern Ihrer Organizer-Datei.

Wenn Sie eine Aktivität erledigt haben aber noch nicht löschen möchten, so können Sie jederzeit das Feld ERLEDIGT ankreuzen. Die Aktivität wird dann durchgestrichen markiert, und Sie erhalten einen motivierenden Überblick über die bereits erledigten Aufgaben.

Mit OK schließen Sie die Dialogbox und fügen so eine neue Aufgabe Ihrer Aktivitätenliste (Abbildung 6.2) hinzu.

Die dort dargestellten Aktivitäten können vier unterschiedliche Farben annehmen. Die Tabelle 6.1 erläutert deren Bedeutung.

Farbe	Bedeutung
Rot	Überfällige Aktivität, hätte spätestens gestern erledigt werden müssen
Grün	Heute fällige Aktivität, wird morgen rot dargestellt
Blau	Frühestens am nächsten Tag fällige Aktivität
Schwarz	Bereits erledigte Aktivität, wird zusätzlich noch durchgestrichen dargestellt

Tab. 6.1: Bedeutung der Farben in der Aktivitätenliste

Optionen

Das Register AKTIVITÄTEN verfügt über eine Liste von Aktivitäten, die in Tabelle 6.2 erläutert werden. Die mit OPTIONEN-AKTIVITÄTEN zu aktivierende Dialogbox sehen Sie in Abbildung 6.3.

Option	Bedeutung
Erledigte Aktivitäten anzeigen	Statt erledigte Aktivitäten nicht mehr anzuzeigen, werden diese schwarz und durchgestrichen am unteren Ende der Aktivitätenliste aufgeführt
Anfangsdatum anzeigen	Erklärt sich von selbst
Fälligkeitsdatum anzeigen	Dito
Priorität anzeigen	Zeigt die Prioritätsstufe jeder Aktivität an
– Als Einzug	Unübersichtliche Darstellung
– Als 1,2,3	Klar und deutlich, zu empfehlen

Tab. 6.2: Optionen in der Aktivitätenliste

Wie in der Einleitung zu diesem Kapitel bereits erwähnt, macht eine gut gepflegte Aktivitätenliste noch keine erledigten Aufgaben. Stellen Sie daher auf jeden Fall sicher, daß Sie unter OPTIONEN-KALENDER auch die Anzeige von Aktivitäten aktiviert (Alliteration!) haben.

Schritt 6

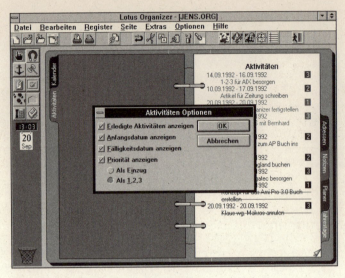

Abb. 6.3: Die Dialogbox AKTIVITÄTEN OPTIONEN

"Drag & Drop" - neudeutsch für "Ziehen & Ablegen"

Das war's eigentlich schon zum Thema Aktivitäten. Doch halt, um Aktivitäten wieder loszuwerden, sei hier noch erwähnt, daß Sie selbstverständlich auch diese mittels Drag & Drop in den Papierkorb befördern können, ob erledigt oder nicht. Probieren Sie es doch einmal mit einer wirklich unangenehmen Aktivität aus. Es erleichtert ungemein.

Schritt 7:
Adressen

Adressen eingeben

Im Register ADRESSEN können Sie Ihre komplette berufliche und private Adreßverwaltung vornehmen.

Wenn Sie nicht alle Daten von Hand eingeben wollen, sollten Sie den Schritt 18, Import/Export, lesen. Dies empfiehlt sich auch, wenn Sie aus dem Register ADRESSEN eine Datei zur Übergabe in eine Textverarbeitung wie zum Beispiel Ami Pro erstellen möchten.

Ein Klick auf die roten Registermarken bringt Sie in das Register ADRESSEN. Ohne Maus würden Sie im Menü den Punkt REGISTER-ADRESSEN-? anwählen. Sie gelangen nun auf eine Seite, auf der Sie entweder neue Adressen eingeben können oder von der aus Sie zu beliebigen Adressen gelangen können.

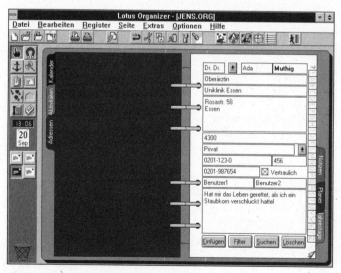

Abb. 7.1: Adressen eingeben

Dies geschieht, indem Sie auf die Buchstaben am rechten Seitenrand klicken. Nun können Sie, beginnend bei der ANREDE, Ihre Adressen eintragen. Zwischen den einzelnen Felder bewegen Sie sich mit der ⇥-Taste, mit ⇧⇥ können Sie sich rückwärts bewegen.

Das Feld ist ein sogenanntes Pulldown-Feld, es klappt herunter, wenn Sie auf den kleinen Pfeil rechts daneben klicken. Dies gibt Ihnen die Möglichkeit, aus bereits benutzten Anreden auszuwählen, ohne erneut "Herr Prof. Dr. usw." eingeben zu müssen.

Das nächste Pulldown-Feld heißt TYP. Die Klassifizierung Ihrer Adressen ist Ihnen hier völlig freigestellt, beispielsweise unterscheiden Sie zwischen "Privat" und "Geschäftlich".

Wenn Sie das Feld VERTRAULICH ankreuzen, so wird diese Adresse nur dann angezeigt, wenn die Datei mit dem Paßwort PRIVAT geöffnet wurde. Mit den Berechtigungen ÖFFENTLICH oder NUR LESEN kann kein Teil einer so geschützten Adresse eingesehen werden, sie existiert dann einfach nicht.

Die Felder BENUTZER1 und BENUTZER2 stehen Ihnen zur freien Verfügung, zum Beispiel um Kundennummern oder Mitgliedsnummern einzutragen.

Im Feld NOTIZEN können Sie etwa 32 KB Text hinterlegen, sicher ausreichend für so manche Anmerkung zur Person.

Wenn Sie eine Adresse korrekt eingetragen haben, so klicken Sie auf die Schaltfläche EINFÜGEN und Ihr Eintrag wird eingeordnet.

Suchen

Zum Thema SUCHEN seien Sie erst einmal auf Schritt 11, Suchfunktionen, verwiesen.

Wenn Sie nach Adressen suchen wollen, so stehen Ihnen in der untersten Zeile des Formulars zur Adreßeingabe zwei Schaltflächen zur Verfügung, FILTER und SUCHEN.

Wenn Sie zum Beispiel im Feld FIRMENNAME ein "L" eingeben, so werden Ihnen nur Firmen angezeigt, die mit einem "L" beginnen. Alle anderen Adressen werden temporär nicht angezeigt. Mit einem Klick auf die Schaltfläche LÖSCHEN werden die anderen Adressen wieder sichtbar.

Die Schaltfläche SUCHEN dagegen unterdrückt nicht die Anzeige "unpassender" Adressen; hiermit blättern Sie lediglich direkt zur ersten Adresse, deren Firmenname mit einem "L" beginnt.

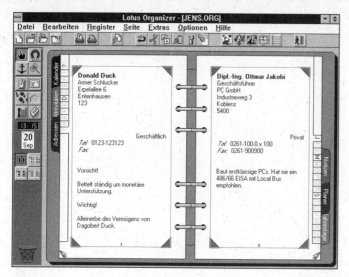

Abb. 7.2: Darstellung nur einer Adresse pro Seite

Die vier Symbole unterhalb der Toolbox dienen Ihnen ebenfalls zur Navigation im Register ADRESSEN. Mit diesen Schaltflächen

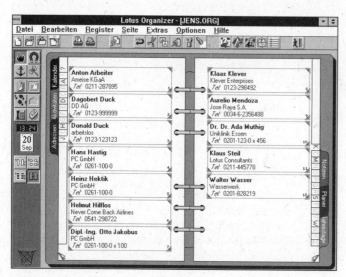

Abb. 7.3: Darstellung der maximalen Anzahl von Adressen pro Seite

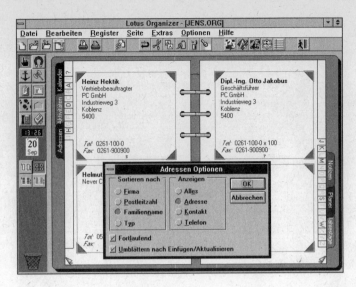

Abb. 7.4: Dialogbox ADRESSOPTIONEN

stellen Sie auf der Adreßeingabeseite ein, welches Feld im Adreßbuch fett hervorgehoben werden soll, der FIRMENNAME, die POSTLEITZAHL, der NAME der Person oder der TYP der Adresse.

Wenn Sie sich bereits mitten in den Adressen befinden, so sehen diese vier Schaltflächen anders aus.

Die Schaltflächen unter dem Werkzeugkasten dienen nun dazu, die Anzahl der darzustellenden Adressen auf einer Seite festzulegen.

Die Funktionalität der Schaltflächen verbirgt sich für die Mauslosen unter Ihnen auch hinter OPTIONEN-ADRESSEN in der Dialogbox ADRESSOPTIONEN (Schreibfehler?), siehe Abbildung 7.4. Dort wählen Sie bitte Ihre Optionen in den Feldern SORTIEREN NACH und ANZEIGEN aus.

Wenn Sie im Feld ANZEIGEN die Option ALLES auswählen, so werden Ihnen alle Informationen der Adresse angezeigt. Je mehr Adressen Sie auf einer Seite darstellen lassen, desto weniger Informationen sind dann jeweils sicher. Entscheiden Sie sich also für die Darstellungsoption TELEFON, so werden je Adresse nur der Name und die Telefonnummer angezeigt.

Die beiden letzten Optionen in der Dialogbox ADRESSOPTIONEN sind die Felder FORTLAUFEND und UMBLÄTTERN NACH EINFÜGE/AKTUALISIEREN.

Während die letzte Option sich von selbst erläutert und als Voreinstellung aktiviert ist, verdient FORTLAUFEND Beachtung.

Im Gegensatz zu herkömmlichen Adreßbüchern bietet die Option FORTLAUFEND die einmalige Möglichkeit, alle Adressen ohne Unterbrechung nacheinander aufzulisten. Wer jedoch lieber Buchstaben für Buchstaben getrennt als Register ansprechen möchte, bitte schön. Ich empfehle Ihnen, FORTLAUFEND anzukreuzen. Sie können sich dadurch, besonders bei nicht allzu vollen Adreßbüchern, so manches Blättern ersparen.

Selektiv kopieren

Ausschließlich bei der Arbeit mit dem Register ADRESSEN steht Ihnen im BEARBEITEN-Menü unter SELEKTIV KOPIEREN ein umfangreiches Hilfsmittel zur Verfügung, mit dem Sie ausgewählte Felder zur Übergabe in eine Textverabeitung in die Zwischenablage kopieren können. Sie können ganz genau dosieren, welche Teile einer Adresse Sie übergeben wollen (Abbildung 7.5).

Wenn Sie ALLE FELDER anwählen, erzielen Sie den gleichen Effekt, als wenn Sie die Adresse mit Drag & Drop auf das Symbol der Zwischenablage in der Toolbox geschoben hätten.

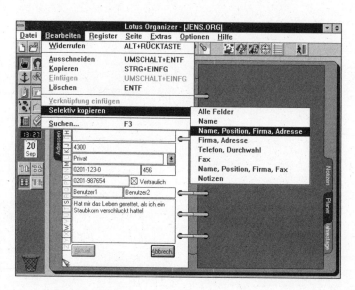

Abb. 7.5: Selektiv kopieren

Alle anderen Optionen jedoch, wie zum Beispiel NAME, POSITION, FIRMA, ADRESSE oder NOTIZEN sind hier weit genauer.

Den selektiv kopierten Teil einer Adresse können Sie zum Beispiel in Ami Pro mit BEARBEITEN-EINFÜGEN oder einem Klick auf das entsprechende SmartIcon an die gewünschte Stelle plazieren.

Schritt 8:
Notizen

Eine der wichtigsten Funktionen in einem Notizbuch dürfte wohl das Verwalten von Notizen sein.

Wenn Sie auf die Registermarken des vierten Registers klicken oder REGISTER-NOTIZEN anwählen, so gelangen Sie in den für Notizen bestimmten Bereich des Organizers.

Sie sehen eine leere Seite, in deren Titelzeile "Inhalt" steht. Wenn Sie die Seite umblättern, so gelangen Sie zur vorerst letzten Seite im Register NOTIZEN. Die beiden Seiten sind mit kleinen römischen Buchstaben, also als i und ii, numeriert.

Notizen einfügen

Notizen können Sie nun eintragen, indem Sie einfach auf die leere Seite klicken. Es öffnet sich daraufhin eine Dialogbox mit der Bezeichnung NOTIZ SEITE EINFÜGEN (Abbildung 8.2).

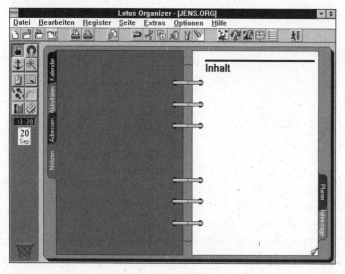

Abb. 8.1: Das Register NOTIZEN, noch völlig leer

Schritt 8

71

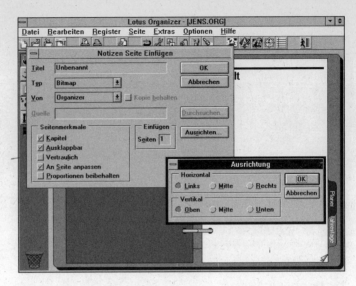

Abb. 8.2: Dialogbox NOTIZ SEITE EINFÜGEN

In dieser Dialogbox geben Sie zuerst einmal einen neuen Titel für Ihre Notiz an, indem Sie "Unbenannt" im Feld TITEL überschreiben. Wenn Sie nur schnell eigenen Text eintragen wollen, so können Sie jetzt mit OK bestätigen und müssen lediglich noch den Text eingeben.

Doch der Organizer bietet Ihnen noch mehr Möglichkeiten, als einfach nur Text zu notieren. Im Feld TYP können Sie festlegen, ob Sie reinen Text oder andere Arten von Informationen einfügen möchten.

Bezeichnung	Bedeutung
LEER	Legt eine leere Seite an
TEXT	Reinen ASCII-Text ohne Formatierungen einfügen
BITMAP	Windows-Bitmap-Datei (BMP) einfügen
METAFILE	Windows-Metafile-Datei (WMF) einfügen
VERKNÜPFUNGEN	Liste von DDE-Verknüpfungen im Organizer erstellen (lesen Sie dazu Schritt 13, Einträge verschieben und verknüpfen)

Tab. 8.1: Bedeutung der Bezeichnungen im Feld TYP

Im Feld VON geben Sie dann an, woher die Informationen stammen, die Sie notieren wollen, ob Sie Inhalte aus dem ORGANIZER, aus einer DATEI, eine DDE-VERKNÜPFUNG oder aus der ZWISCHENABLAGE einfügen möchten.

Wenn Sie den Inhalt einer Datei oder einen DDE-Link einfügen möchten, können Sie zusätzlich das Feld KOPIE BEHALTEN ankreuzen. Wenn Sie dies nicht tun, muß die eingefügte Notizdatei immer im gleichen Verzeichnis auf Ihrem Rechner oder im Netz zur Verfügung stehen. Ansonsten kann der Inhalt nicht dargestellt werden.

Wenn Sie aus dem Inhalt der ZWISCHENABLAGE eine Notiz erstellen möchten, so ist automatisch die Option KOPIE BEHALTEN angekreuzt.

Wenn Sie DATEI oder DDE als QUELLE auswählen, wird diese sonst graue Bezeichnung schwarz dargestellt. Dem Feld mit der Bezeichnung QUELLE müssen Sie nun den kompletten Verzeichnispfad und den Namen der Datei angeben, die als Notiz dargestellt werden soll. Wenn Sie den Pfad oder den Namen nicht kennen, so können Sie die Schaltfläche DURCHBLÄTTERN anklicken.

Im Bereich Seitenmerkmale stehen Ihnen fünf Optionen für die Anzeige Ihrer Notiz zur Verfügung (Tabelle 8.2).

Seitenmerkmale

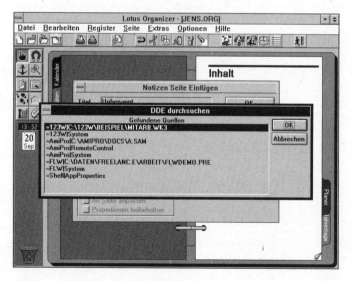

Abb. 8.3: DURCHBLÄTTERN auf der Suche nach einer DDE-VERKNÜPFUNG

Schritt 8

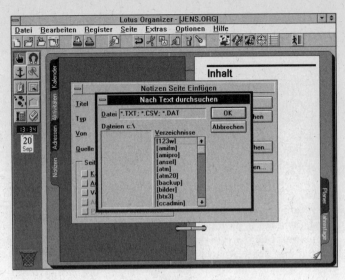

Abb. 8.4: DURCHBLÄTTERN auf der Suche nach einer DATEI

Bezeichnung	Bedeutung
KAPITEL	Legt ein eigenes Kapitel für die Notiz an (sehr zu empfehlen, um Informationen zusammenzuhalten); numeriert diese fortlaufend
AUSKLAPPBAR	Die Seite kann auseinandergefaltet werden, um eine Textnotiz oder ein Bild nahezu auf dem gesamten Bildschirm darzustellen
VERTRAULICH	Nur wenn Sie die aktuelle Datei mit dem privaten Paßwort geöffnet haben, können als vertraulich markierte Notizen gelesen werden
AN SEITE ANPASSEN	Paßt ein Bild, egal welcher Größe, an die Seitengröße an
PROPORTIONEN BEIBEHALTEN	Wenn Sie AN SEITE ANPASSEN wählen, kann die Darstellung unter Umständen verzerrt sein, diese Option verhindert dies

Tab. 8.2: Bedeutung der Bezeichnungen im Feld SEITENMERKMALE

Schritt 8

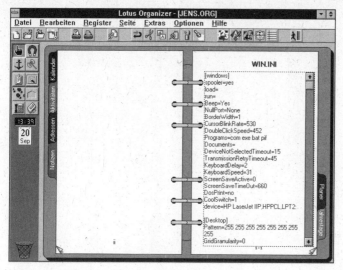

Abb. 8.5: Nicht genügend Platz auf einer Seite

Wenn Sie im Feld EINFÜGEN hinter SEITE einen anderen Wert als die Vorgabe 1 eintragen, so legt der Organizer für Ihr Kapitel oder Unterkapitel automatisch die gewünschte Anzahl von Seiten an, ob Ihre Notiz diesen Platz bereits benötigt oder nicht.

Seiten einfügen?

Falls Sie nicht genügend Seiten einfügen, so kann natürlich nur ein Teil des Textes dargestellt werden. Nachträglich können Sie auch keine Seiten mehr einfügen. Abbildung 8.5 zeigt solch ein Beispiel. Hier wurde der Inhalt der WIN.INI als Notiz eingefügt, ohne genügend Seiten zu reservieren.

Da nicht der komplette Text dargestellt werden kann, erscheint bei einem Klick auf den Text eine vertikale Rolleiste, mit deren Hilfe Sie sich im Text bewegen können.

Die letzte Option in der Dialogbox NOTIZEN SEITE BEARBEITEN steckt hinter der Schaltfläche AUSRICHTEN.

In der Dialogbox AUSRICHTUNG befinden sich zwei Felder, HORIZONTAL und VERTIKAL. Im Feld HORIZONTAL können Sie festlegen, ob Sie die Notiz linksbündig, zentriert oder rechtsbündig ausrichten möchten. Das Feld VERTIKAL läßt Ihnen die Auswahl, ob Sie ein Bild am oberen oder unteren Seitenrand oder in der Seitenmitte plazieren möchten. Diese vertikale Ausrichtungsoption ist ausschließlich für Bilder verfügbar.

Schritt 8

75

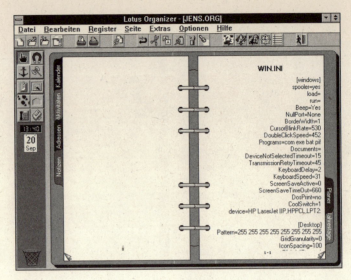

Abb. 8.6: Rechtsbündige AUSRICHTUNG einer Notiz

Notizen verschieben und duplizieren

Wenn Sie die Reihenfolge Ihrer Notizen ändern möchten, um sie zum Beispiel alphabetisch zu ordnen, so können Sie diese in der Inhaltsübersicht einfach verschieben.

Dazu klicken Sie mit der Maus auf eines der Kapitel, halten die Maustaste gedrückt und ziehen das Kapitel an die gewünschte Position. Lassen Sie die Maustaste wieder los. Sie sehen, wie sich die Numerierung der Kapitel entsprechend verändert hat.

Selbstverständlich können Sie auch einzelne Unterkapitel auf diese Art verschieben. Dazu gehen Sie genauso vor wie oben beschrieben.

Wenn Sie zwei ähnliche Notizen anlegen möchten, so können Sie auch eine schon bestehende Notiz duplizieren und müssen das Duplikat dann nur noch leicht modifizieren.

Um ein Duplikat zu erstellen, klicken Sie entweder im Inhaltsverzeichnis oder in der Kopfzeile einer Seite auf den Titel des Kapitels oder auch Unterkapitels. Halten Sie dann wieder die Maustaste gedrückt, und ziehen Sie den Mauszeiger in die Werk-

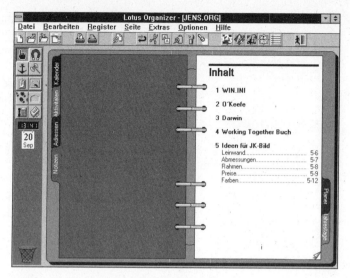

Abb. 8.7: Inhaltsverzeichnis vor dem Verschieben

zeugleiste, genau über das Symbol für die Zwischenablage. Lassen Sie die Maustaste dann wieder los.

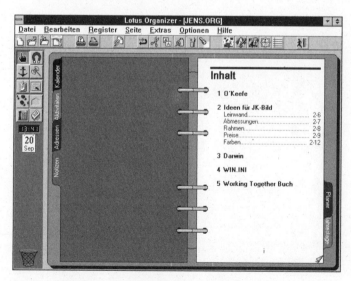

Abb. 8.8: Inhaltsverzeichnis nach dem Verschieben

Schritt 8

An dieser Stelle, genau über dem Symbol für die Zwischenablage, drücken Sie wieder die Maustaste und halten sie gedrückt. Der Mauszeiger nimmt die Form des Symbols der Zwischenablage an. Ziehen Sie die Maus erneut in das Register NOTIZEN. Sie haben somit ein Duplikat Ihrer Notiz erstellt.

Notizen ändern

Eine duplizierte Notiz werden Sie höchstwahrscheinlich nachbearbeiten wollen. Auch ältere oder gar veraltete Notizen bedürfen häufig der Pflege.

Um zu einer solcherart zu verändernden Notiz zu gelangen, klicken Sie deren Überschrift im Inhaltsverzeichnis an. So gelangen Sie zur betreffenden Seite.

Dort klicken Sie dann nicht die Notiz selbst, sondern deren Titel an. Sie gelangen so in die bereits bekannte Dialogbox NOTIZEN SEITE BEARBEITEN, in der Sie nun die erforderlichen Änderungen vornehmen können. Lediglich das Feld EINFÜGEN-SEITEN steht hier nicht mehr zur Verfügung.

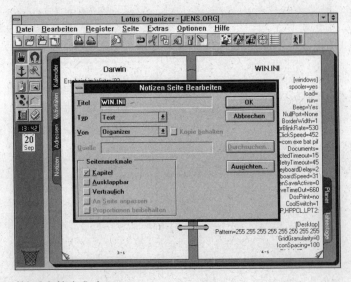

Abb. 8.9: Notiz ändern

Nachdem Sie Ihre Änderungen vorgenommen haben, bestätigen Sie mit OK.

Wenn Sie die Informationen in den Feldern TYP oder QUELLE ändern, so verlieren Sie die Daten, die zuvor in Ihrer Notiz enthalten waren.

Notizen löschen

Obsolete Notizen gehören natürlich in den Papierkorb. Ein Klick auf den Titel einer Notiz, die Maustaste gedrückt halten und in den Papierkorb schieben, das ist schon alles.

Wenn Sie Kapitel löschen, so werden Sie jedoch zuvor gewarnt, ob Sie auch wirklich das komplette Kapitel löschen möchten.

Wenn Sie hier mit NEIN antworten, so werden eventuell existierende Unterkapitel nicht gelöscht. Wenn Sie jedoch nur Unterkapitel in den Papierkorb "werfen", erhalten Sie keine Warnmeldung.

Wenn Sie während des Löschens einer Seite mit Notizen die ⇧-Taste gedrückt halten, so wird die komplette sichtbare Doppelseite aus den Notizen entfernt.

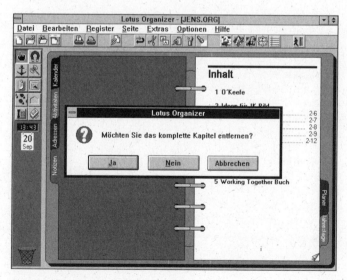

Abb. 8.10: Komplettes Kapitel entfernen?

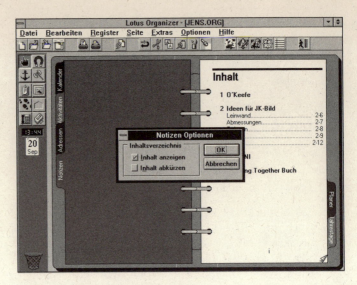

Abb. 8.11: Dialogbox NOTIZEN-OPTIONEN

Optionen

Das Menü OPTIONEN-NOTIZEN führt Sie in die kleine Dialogbox wie in Abbildung 8.11. Darin können Sie zwei Optionen für die Anzeige Ihrer Notizen setzen.

Wenn Sie INHALT ANZEIGEN ankreuzen, so bestimmen Sie, daß überhaupt ein Inhaltsverzeichnis angezeigt wird.

Wenn Sie INHALT ANZEIGEN nicht ankreuzen, ist INHALT ABKÜRZEN nicht mehr verfügbar. Inhalt abkürzen bedeutet, daß im Inhaltsverzeichnis lediglich die Kapitel angezeigt werden. Unterkapitel werden, wenn Sie diese Option ankreuzen, unterdrückt.

Import/Export Informationen zum Import und Export von Notizen entnehmen Sie bitte dem Schritt 18, Import/Export.

Schritt 9:
Planer

Wenn Sie mit REGISTER-PLANER oder durch einen Mausklick auf die violetten, zweiten Registermarken von unten das Register PLANER öffnen, so sehen Sie zuerst eine zusammengefaltete Seite vor sich.

In unserem Beispiel in Abbildung 9.1 sehen Sie auf der linken Seite oben die Jahreszahl 91, auf der rechten Seite von oben nach unten die Jahreszahlen 93 bis 00. Oben auf der rechten Seite steht die aktuelle Jahreszahl, "Planer 1992".

Über der Jahreszahl 93 ist das Symbol sichtbar, mit dem Sie durch einen Mausklick die Seite auf ihre volle Größe auseinanderfalten können. Statt des Symbols zum Auseinanderfalten der Seite können Sie sich auch im SEITE-Menü, je nach Bedarf, der Befehle RECHTS AUSKLAPPEN und EINKLAPPEN bedienen.

Der ausgeklappte Planer (Abbildung 9.2) bietet Ihnen nun einen Überblick über ein komplettes Jahr. In zwölf Doppelzeilen ste-

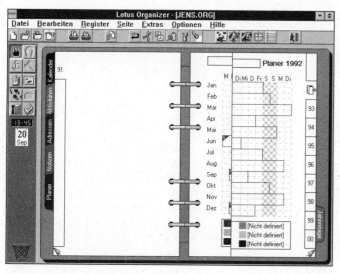

Abb. 9.1: Das Register PLANER

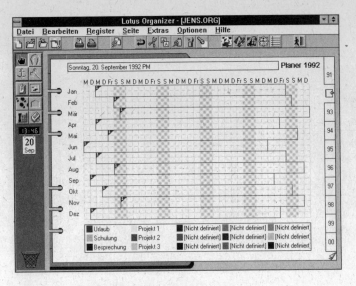

Abb. 9.2: Das Register PLANER, ausgeklappt

hen Ihnen für jeden Tag zwei Kästchen zur Planung zur Verfügung, die Wochentage sind dabei grau hinterlegt.

Leider sind in den Spaltenköpfen nur die Wochentage zu sehen, das genaue Datum können Sie nur dann erkennen, wenn Sie sich mit dem Mauszeiger in einem der Kästchen innerhalb der roten Rahmen befinden. Das entsprechende Datum ist nun in der Titelzeile der Planerseite ablesbar.

Die zwei Kästchen pro Tag teilen den Tag in Vormittag und Nachmittag auf, daß heißt, Sie können im Planer pro Tag je einen Vormittags- und einen Nachmittagstermin planen.

Im unteren Viertel des Planers befinden sich 15 farbige Markierungen, beschriftet mit "Urlaub", "Schulung", "Besprechung", "Projekt 1" bis "Projekt 3" sowie neun mal "[Nicht definiert]". Diese farbigen Markierungen werden, wenn Sie in der Dialogbox OPTIONEN-VORGABEN den Punkt MONOCHROM angekreuzt haben (empfehlenswert bei LCD-Displays von Laptops), schraffiert dargestellt.

Die Beschriftungen dieser Markierungen lassen sich jederzeit von Ihnen verändern. Dazu klicken Sie die zu ändernde Beschriftung lediglich einmal mit der Maus an, wodurch die Beschriftung markiert wird.

Schritt 9

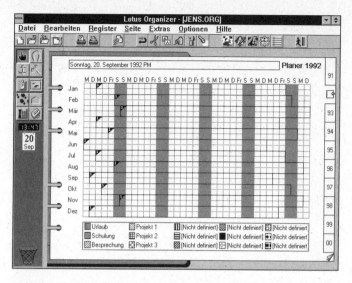

Abb. 9.3: Schraffuren bei monochromer Darstellung

Durch einen Klick auf die Taste (Entf) wird die Beschriftung gelöscht. Mit der Option EINFÜGEN im BEARBEITEN-Menü können Sie hier andere Beschriftungen einfügen. Oder, wenn die Zwischenablage nicht den gewünschten Text, wie zum Beispiel einen Projektnamen enthält, Sie können auch selbst eine neue Beschriftung eintragen. Abbildung 9.4 zeigt einige geänderte und die Eingabe einer neuen Beschriftung.

Nun, nachdem Sie den Markierungen die von Ihnen benötigten Beschriftungen zugewiesen haben, können Sie mit der Planung beginnen.

Wenn Sie jedoch Ressourcenplanung betreiben wollen, seien Sie gewarnt. Sie können nie mehr als zwei Projekte oder Ereignisse an einem Tag darstellen.

So ist der Planer zum Beispiel für eine Übersicht der Urlaubsplanung einer ganzen Abteilung nicht zu gebrauchen. Der Organizer ist halt für Ihre persönliche Planung gedacht.

Nichtsdestotrotz können Sie eine Übersicht über die Urlaubs- oder Einsatzplanung Ihrer Mitarbeiter durchführen, indem Sie mit OPTIONEN-INDIVIDUELL eine Anzahl weiterer PLANER-Register in Ihren Organizer aufnehmen (Abbildung 9.5). In dieser Dialog-

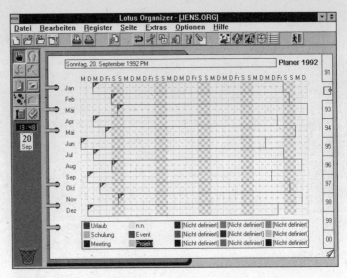

Abb. 9.4: Beschriftung ändern

box klicken Sie auf die Schaltfläche HINZUFÜGEN, wählen dann in der Dialogbox NEUES REGISTER EINFÜGEN im Feld BASIS den Typ PLA-

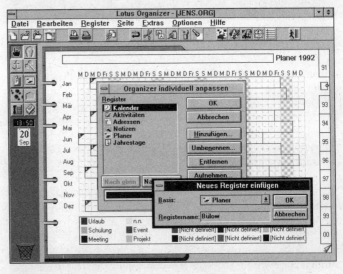

Abb. 9.5: Neues Register PLANER mit Namen "Bülow" einfügen

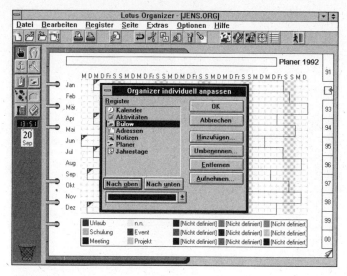

Abb. 9.6: ORGANIZER INDIVIDUELL ANPASSEN

NER aus und geben im Feld REGISTERNAME statt "Planer" zum Beispiel den Namen "Bülow" ein. Bestätigen Sie mit OK.

Nun gelangen Sie wieder in die Dialogbox ORGANIZER INDIVIDUELL ANPASSEN (Abbildung 9.6).

In dieser Dialogbox steht in der linken Liste das neue Register an unterster Stelle. Mit NACH OBEN oder NACH UNTEN können Sie es an die gewünschte Position schieben.

Damit Sie nicht ständig die Planung Ihrer Mitarbeiter selbst in ein solches zusätzliches Register aufnehmen müssen, können Sie in der Dialogbox mit einem Klick auf die Schaltfläche AUFNEHMEN ein komplettes Register einer Ihrer Mitarbeiter oder Kollegen in Ihren Organizer einbinden.

Lesen Sie dazu mehr in Schritt 4, Neue Datei konfigurieren. Auf jeden Fall müssen Sie hier beachten, daß Sie in einem aus einer anderen Datei aufgenommenen Register keine Änderungen durchführen können.

Lesen Sie auch in Schritt 5, Kalender, wie Sie die Einträge aus dem Register PLANER im Register KALENDER darstellen können.

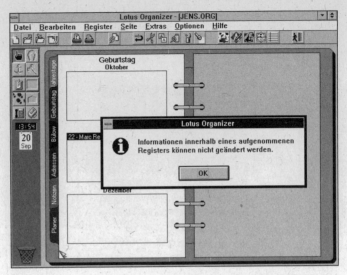

Abb. 9.7: Keine Änderungen in einem aufgenommenen Register möglich

Planen

Doch nun genug der Vorbereitung, planen Sie doch jetzt einmal drauflos.

Wenn Sie Zeiten für Projekte oder Ereignisse blocken möchten, klicken Sie lediglich eine der 15 verfügbaren Markierungen an, setzen dann den Mauszeiger, der inzwischen die Farbe der Markierung angenommen hat, an die gewünschte Position, klicken und halten die Maustaste gedrückt, und ziehen Sie die Maus bis an das Ende des zu verplanenden Bereichs. Dabei können Sie entweder nur die Vormittage, nur die Nachmittage oder ganze Tage planen.

Wenn Sie eine Farbmarkierung bereits einmal benutzt haben, so können Sie eine weitere Information erhalten. Bewegen Sie dazu die Maus genau auf die betreffende Markierung.

In der Titelzeile der Seite wird nun die bisher geplante Dauer Ihres Projektes auf halbe Tage genau angezeigt (Abbildung 9.8). Dieses Leistungsmerkmal ist, so finde ich, auf jeden Fall für die Planung des Jahresurlaubs interessant.

Außer der oben beschriebenen Möglichkeit können Sie noch auf eine andere Art und Weise Einträge in den Planer vorneh-

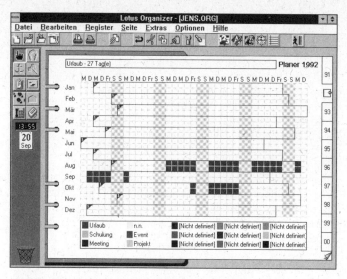

Abb. 9.8: Anzeige der bereits verplanten Urlaubstage

men. Dazu klicken Sie mit der Maus an eine beliebige Stelle der Seite, am besten natürlich schon an die gewünschte Position des

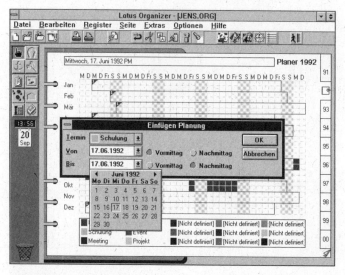

Abb. 9.9: Neue Planung einfügen

Schritt 9

neuen Eintrags. Es öffnet sich daraufhin die Dialogbox NEU PLANUNG wie in Abbildung 9.9. Den gleichen Effekt hat ein Druck auf die Taste (Einfg) oder der Punkt EINFÜGEN PLANUNG im EXTRAS-Menü.

In dieser Dialogbox wählen Sie zuerst einmal im obersten Feld anhand der Farbe und Beschriftung das gewünschte Projekt oder Ereignis aus dem Dropdown-Menü aus.

In den beiden folgenden Feldern geben Sie den Start- und den Endzeitpunkt an. Wenn Sie in diesen beiden Feldern jeweils auf den nach unten weisenden Pfeil des Dropdown-Menüs klikken, so öffnet sich ein kleiner Kalender, in dem Sie ganz leicht die gewünschten Termine markieren können. Um in diesen Kalendern einen Monat vor- oder zurückzublättern, klicken Sie auf die links und rechts des Monatsnamens befindlichen Pfeile. Mit OK schließen Sie diese Dialogbox und gelangen zurück in den Planer.

Diese Art der Einplanung von Zeiten empfiehlt sich besonders dann, wenn Sie monatsübergreifend planen möchten. Ansonsten könnten Sie immer nur bis zum Ende eines Monats planen und müßten dann in der nächsten Zeile neu mit dem Markieren beginnen, da Sie mit der Maus nicht über das Zeilenende hinaus markieren können.

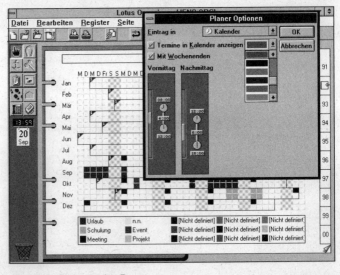

Abb. 9.10: Optionen des PLANERS

Optionen

Wie die anderen Register auch, so verfügt auch der Planer über so manche Funktion, die das Arbeiten mit ihm angenehmer macht.

Mit OPTIONEN-PLANER gelangen Sie in die entsprechende Dialogbox.

EINTRAG IN ist das erste Optionsfeld in der Dialogbox PLANER OPTIONEN. In seinem Dropdown-Menü können Sie auswählen, ob Sie Ihre Zeiten lieber im Kalender oder im Planer grafisch darstellen wollen.

Wenn Sie hier PLANER anwählen, wird TERMINE IN KALENDER ANZEIGEN grau dargestellt. Wählen Sie dagegen KALENDER aus, so können Sie TERMINE IN KALENDER ANZEIGEN ankreuzen und sich eine Farbe für die Darstellung der Einträge des Kalenders im Planer aussuchen. Dadurch können Sie im Planer immer sofort sehen, wo Sie bereits Zeit verplant haben, und dies mit einem Blick für das ganze Jahr.

Das Feld MIT WOCHENENDEN dient zum Beispiel dazu, nicht unnötig Urlaub für Wochenenden zu verplanen. Denn wenn diese Option angekreuzt ist, rechnet der Planer beim Eintragen neuer Projekte oder Ereignisse die Wochenenden mit. Ist diese Option nicht angekreuzt, so können Sie problemlos einen ganzen Monat markieren, die Wochenenden bleiben dabei immer ausgespart.

In den beiden unteren, linken Boxen können Sie festlegen, wieviel Zeit Sie durch einen Eintrag im Planer jeweils vormittags oder nachmittags blocken wollen.

Dabei haben Sie jeweils drei Möglichkeiten, die Zeit festzulegen. Wenn Sie auf eine der kleinen Uhren am oberen oder unteren Ende der Zeitleisten klicken, die Maustaste gedrückt halten und die Uhr dann nach oben oder unten schieben, können Sie so die Start- und die Endzeit des Zeitblocks festlegen. Wenn Sie dagegen genau auf die Mitte zwischen den beiden Uhren klicken, können Sie die Start- und Endzeit gleichzeitig nach vorn oder nach hinten verlegen.

Sie merken dabei sicher, daß die Aufteilung eines Tages in Vormittag oder Nachmittag nicht zwingend ist, sondern nur Anhaltspunkte gibt.

Schritt 9

Schritt 10:
Jahrestage

Wie oft haben Sie schon Ihren Hochzeitstag vergessen? Mir persönlich hätte dies zwar erst einmal passieren können, und dieses eine Mal habe ich auch ohne den Organizer daran gedacht. Doch wie oft habe ich schon vergessen, rechtzeitig zum Geburtstag, Jubiläum oder anderen regelmäßigen Daten anzurufen, Geschenke zu kaufen, zu gratulieren ...

Diese Probleme gehören ab sofort der Vergangenheit an. Der Organizer hält mit dem Register JAHRESTAGE ein immerwährendes Hilfsmittel zur permanenten Erinnerung für Sie bereit.

Mit einem Klick auf die untersten, senffarbenen Registermarken mit der Aufschrift JAHRESTAGE oder REGISTER-JAHRESTAGE sind die Zeiten des Vergessens nur für immer vorbei.
   In Abbildung 10.1 sehen Sie die erste von vier Seiten des Registers JAHRESTAGE. Auf jeder Folgeseite finden Sie ein weiteres Quartal, jeweils als drei Monate dargestellt.

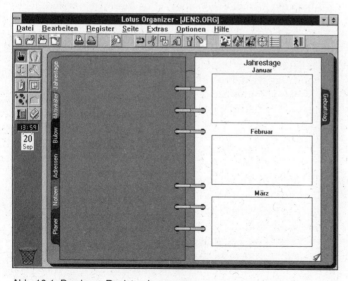

Abb. 10.1: Das leere Register JAHRESTAGE

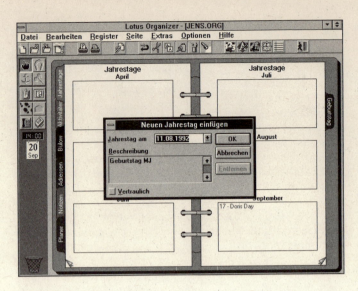

Abb. 10.2: Jahrestag einfügen

Mit einem Klick auf eine leere Seite oder mit EXTRAS-EINFÜGEN JAHRESTAGE oder Einfg aktivieren Sie die Dialogbox in Abbildung 10.2.

Im ersten Feld der Dialogbox NEUEN JAHRESTAG EINFÜGEN befindet sich ein Dropdown-Feld mit einem kleinen Kalender, wie Sie ihn bereits aus dem PLANER kennen. Als Vorgabe steht darin das aktuelle Datum. Ändern Sie das Datum, wie es Ihnen beliebt. Um die Jahreszahl brauchen Sie sich dabei nicht zu kümmern, denn ein Jahrestag wiederholt sich halt jedes Jahr aufs neue. Im Feld BESCHREIBUNG können Sie nun den Grund des Jahrestages eintragen, also zum Beispiel

```
Geburtstag Claudia (1964)
```

oder

```
Gründung von Lotus Development (1982)
```

Mit einem Klick auf VERTRAULICH verbergen Sie besonders schutzbedürftige Jahrestage vor neugierigen Blicken. Sie schließen die Dialogbox mit OK.

Wenn Sie einen einmal getätigten Eintrag im Register JAHRESTAGE wieder löschen möchten, so können Sie diesen entweder mit der Maus anklicken, die Maustaste gedrückt halten und den Eintrag in den Papierkorb ziehen oder, wenn Sie die Maustaste

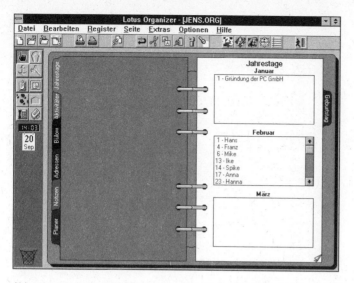

Abb. 10.3: Vertikale Rolleiste bei mehr als sieben Einträgen pro Monat

nicht gedrückt halten, in der sich dann wieder öffnenden Dialogbox auf ENTFERNEN klicken. Der Eintrag verschwindet daraufhin aus dem Register JAHRESTAGE.

Wenn Sie mehr als sieben Jahrestage in einem Monat eintragen, wird eine vertikale Rolleiste sichtbar. Mit Hilfe dieser Leiste können Sie sich alle Jahrestage jederzeit anzeigen lassen, indem Sie entweder das kleine Quadrat auf der Rolleiste verschieben oder oben und unten an der Rolleiste auf die kleinen Pfeile klicken.

Sieben auf einen Streich ...

Zum Schluß

Damit Sie diese sorgfältig gepflegten Jahrestage auch wirklich nicht vergessen können, sollten Sie unter OPTIONEN-KALENDER im Feld ANZEIGEN sicherstellen, daß die Einträge im Register JAHRESTAGE auch wirklich im Kalender dargestellt werden.

Ganz zum Schluß dieses Schrittes sei noch auf ein kleines Manko im Organizer verwiesen. Leider ist im Register KALENDER nicht erkennbar, ob ein Tag nicht vielleicht ein Feiertag ist! Sie könn-

Schritt 10

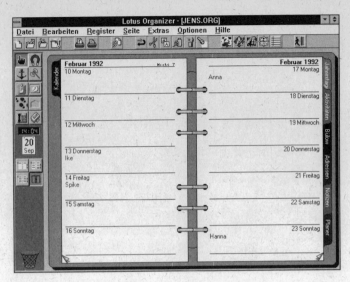

Abb. 10.4: Jahrestage werden im Kalender angezeigt

ten so Termine machen, die auf einen Feiertag fallen. Das muß jedoch nicht immer positiv sein.

Zur Umgehung derartiger Unwägbarkeiten könnten Sie sich doch entschließen, im Register JAHRESTAGE die für Ihr Land oder gar Bundesland zutreffenden Feiertage einzutragen. Dann sollten Sie jedoch jährlich die Daten der beweglichen Feiertage abändern, um nicht noch mehr Verwirrung zu stiften.

Schritt 11:
Suchfunktionen

Ein wichtiger Menüpunkt des Organizers befindet sich im Menü BEARBEITEN. *Es ist der Punkt* SUCHEN. *Besonders in großen Dateien kann man einmal den Überblick verlieren. Da hilft es sehr, eine umfangreiche und schnelle Suchfunktion zur Verfügung zu haben.*

Mit F3, durch einen Klick auf das SmartIcon mit dem Taschenlampen-Symbol oder mit BEARBEITEN-SUCHEN aktivieren Sie die Dialogbox SUCHEN.

Im Feld NACH geben Sie den zu suchenden Begriff oder die zu suchende Zeichenfolge ein. Wenn Sie GROß-/KLEINSCHREIBUNG ankreuzen, so achtet der Organizer bei der Suche exakt auf die korrekte Groß- und Kleinschreibung. Kreuzen Sie dieses Feld nicht an, so ist es egal, ob Sie den zu suchenden Text oder Begriff in großen oder in kleinen Buchstaben eingeben.

Im Feld IN klicken Sie all diejenigen Register an, die durchsucht werden sollen. Mit einem Klick auf ALLES markieren Sie direkt alle Register für die anschließende Durchsuchung.

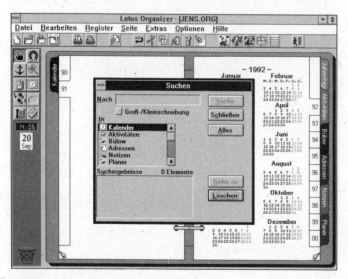

Abb. 11.1: Die Dialogbox SUCHEN

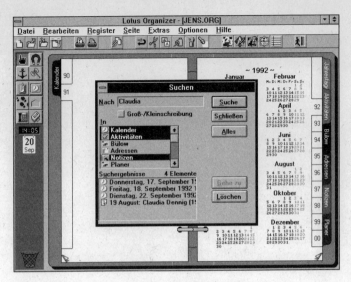

Abb. 11.2: SUCHERGEBNISSE werden aufgelistet

Wenn Sie die Schaltfläche SUCHEN anklicken, wird im Bereich SUCHERGEBNISSE jedes gefundene Element angezeigt.

Wenn Sie noch nach einem anderen Begriff suchen möchten, ändern Sie einfach den Text im Feld NACH und klicken ein weiteres Mal auf SUCHE. Im Bereich SUCHERGEBNISSE werden jetzt alle Stellen angezeigt, die den ersten und/oder zweiten Begriff beinhalten. Wenn Sie dies nicht wünschen, müssen Sie vor einer erneuten Suche nach einem anderen Begriff einmal auf die Schaltfläche LÖSCHEN klicken, damit der Bereich SUCHERGEBNISSE wieder geleert wird.

Sie werden bereits festgestellt haben, daß diese Dialogbox keine Schaltfläche mit der Beschriftung OK besitzt. Diese Dialogbox kann nur durch einen Klick auf die Schaltfläche SCHLIEßEN verlassen werden.

Dafür verfügt diese Dialogbox jedoch über die Schaltfläche GEHE ZU, die wohl wichtigste Schaltfläche in dieser Box. Wenn Sie ein Suchergebnis markiert haben und auf GEHE ZU klicken, so blättert der Organizer bis zu der gefundenen Stelle um. Wenn diese Stelle leider nicht die gesuchte war, markieren Sie ein anderes Suchergebnis und klicken wieder auf GEHE ZU, bis Sie an der gewünschten Stelle gelandet sind. Erst dann verlassen Sie die Dialogbox mit SCHLIEßEN und arbeiten an der nun gefundenen Stelle weiter.

Schritt 12:
Einträge einfügen/löschen

Was den Organizer in Vergleich zu anderen Zeitplaninstrumenten auszeichnet ist nicht zuletzt das sogenannte Drag & Drop oder Ziehen & Ablegen (lesen Sie dazu Schritt 13). Stellen Sie sich vor, wie Sie auf Papier Einträge verschieben können !?!? Doch bevor Sie überhaupt Einträge verschieben können, müssen diese erst einmal gemacht werden.

Einfügen

Hierzu ist es wichtig zu wissen, daß sich der Menüpunkt EXTRAS-EINFÜGEN je nach gerade aktivem Menü ändert.
  Wenn Sie sich nicht in einem Register befinden, weil zum Beispiel der Organizer geschlossen ist, so steht der Menüpunkt nicht zur Verfügung und wird grau dargestellt (Abbildung 12.1).

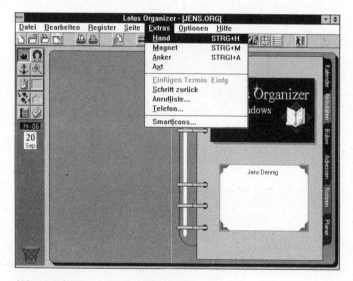

Abb. 12.1: Klappe zu - Menüpunkt grau

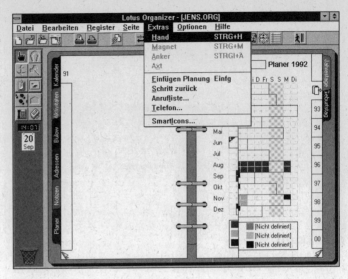

Abb. 12.2: In ein Register gehen

Sobald Sie sich jedoch in einem beliebigen Register befinden, steht dieser Menüpunkt wieder zur Verfügung. Sie können sich in ein Register begeben, indem Sie es im Menü anwählen, zum Beispiel mit REGISTER-KALENDER-HEUTE oder -SEPTEMBER (Abbildung 12.2). Im Register KALENDER heißt er EINFÜGEN-TERMIN, im Register PLANER entsprechend EINFÜGEN-PLANUNG, und so weiter.

Statt sich aber immer dieses Menüpunktes zu bedienen, reicht es überall aus, lediglich die (Einfg)-Taste zu drücken. Dadurch gelangen Sie in die jeweils passende Dialogbox.

Löschen

Das Löschen von Einträgen ist sicher eine der witzigsten Tätigkeiten im Lotus Organizer. Anklicken, Maustaste gedrückt halten und den Eintrag in den Papierkorb schieben, in dem dieser dann verbrennt. Das war's.

Widerrufen

Seien Sie aber trotz des Spaßes vorsichtig mit dem Löschen von Einträgen.

Gelöschte Einträge aus dem Kalender können durch BEARBEITEN-WIDERRUFEN restauriert werden. Sie sehen dann sogar aus wie neu, völlig ohne Brandspuren. Das gleiche gilt für gelöschte Aktivitäten, Notizen und Adressen.

Einmal gelöschte Register können keinesfalls mehr wiederhergestellt werden.

Bei Einträgen des Planers müssen Sie schon Abstriche machen. Das Wiederherstellen funktioniert lediglich mit dem letzten gelöschten Tag. Wenn Sie also mehrere verbundene Tage auf einmal gelöscht haben sollten, so können Sie dies nicht komplett widerrufen.

Vorsicht ist die Mutter des Zeitplaners ...

Einmal gelöschte Einträge aus dem Register JAHRESTAGE können auf gar keinen Fall mehr wiederhergestellt werden.

Es sei an dieser Stelle noch einmal betont: Wenn überhaupt, so kann höchstens die letzte Löschung widerrufen werden!

Schritt 12

Schritt 13:
Einträge verschieben und verknüpfen

Die Möglichkeiten, Einträge in einem normalen Terminplaner oder Notizbuch miteinander zu verbinden sind rudimentär. Ein Verschieben von Einträgen gestaltet sich bei ringbuchförmigen Systemen zum Teil noch recht einfach, doch wie, außer mit dem Radiergummi, lassen sich Termine von einer Stelle einer Ringbuchseite an eine andere Stelle verschieben?

Der Organizer bietet Ihnen hier vier Hilfsmittel in der Toolbox. Die folgende Tabelle erläutert deren Funktion.

Tool	Tasten	Bedeutung
Hand	Strg H	Standard-Mauszeiger, verschiebt Einträge auf einer Seite, kopiert und fügt ein aus der Zwischenablage
Magnet	Strg M	Nimmt Einträge auf und legt sie an anderer Stelle wieder ab
Anker	Strg A	Stellt Verknüpfungen zwischen mehreren Einträgen her
Axt		Durchtrennt eine mit dem Anker erstellte Verknüpfung

Tab. 13.1: Bedeutung der Tools zum Verschieben und Verknüpfen

Verschieben

Wie in Tabelle 13.1 bereits dargestellt, reicht die Hand aus, um einen Eintrag, zum Beispiel im Kalender, innerhalb einer aufgeschlagenen Doppelseite von einem Tag auf einen anderen zu verschieben.

Wenn Sie an dem anderen Tag zur gleichen Zeit einen gleichartigen Termin haben, halten Sie während des Verschiebens einfach die Strg-Taste gedrückt und erstellen so eine Kopie des Termins.

Wenn Sie jedoch einen Termin von einem Tag auf einen späteren oder früheren Kalendertag, der nicht dargestellt wird, kopieren möchten, nehmen Sie den MAGNET zur Hilfe. Ein Klick auf das Tool MAGNET oder der Befehl EXTRAS-MAGNET verändert den Mauszeiger, er nimmt die Form eines Magneten an.

Klicken Sie nun auf den zu verschiebenden Termin. Der Mauszeiger ändert sich und zeigt damit an, daß der Magnet Ladung aufgenommen hat. Blättern Sie zu dem Datum, an dem der Termin eingefügt werden soll. Klicken Sie dort einmal an die gewünschte Stelle. Der Mauszeiger ändert wieder seine Form, er hat nun seine Ladung abgeladen.

Wenn Sie während dieses Vorgehens die [Strg]-Taste gedrückt halten, wird der Termin nicht verschoben, sondern kopiert.

Falls Sie in Ihrem Organizer die Terminkalender mehrerer Kollegen oder Mitarbeiter pflegen, können Sie mit dem Magneten auch Termine zwischen verschiedenen KALENDER-Registern verschieben. Dazu brauchen Sie lediglich den Magneten (also die Maustaste) mit der Ladung über der Registermarke des Zielregisters loszulassen.

Halten Sie dabei wieder die [Strg]-Taste gedrückt, so wird nicht verschoben, sondern kopiert.

Verknüpfen

Innerhalb des Organizers können Sie Verbindungen oder Kreuzreferenzen zwischen Informationen, also Notizen, Adressen oder Terminen und Aktivitäten erstellen.

Zu den Registern PLANER und JAHRESTAGE können jedoch keine Verbindungen erstellt werden.

Wenn Sie eine bestehende Verbindung, symbolisiert durch ein Kettenglied, anklicken, so werden alle damit verknüpften Informationen angezeigt.

Verknüpfungen können Sie auf denkbar einfache Art und Weise erstellen. Sie müssen dazu lediglich in der Toolbox den ANKER anklicken oder den Menüpunkt EXTRAS-ANKER wählen.

Der Mauszeiger verwandelt sich daraufhin in einen Anker. Nun klicken Sie auf die erste zu verknüpfende Information. Der Ausgangspunkt ist dadurch markiert worden. Sie können dies an

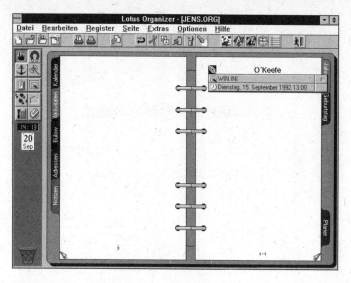

Abb. 13.1: Verknüpfungen werden angezeigt

dem wiederum veränderten Mauszeiger erkennen, an dessen oberem Ende sich nun ein Kettenglied befindet. Jetzt müssen Sie nur noch mit der Maus auf die zweite zu verknüpfende Information klicken, sei dies ein Termin, eine Adresse oder eine anders geartete Information.

Sie können, außer daß Sie die falschen Informationen miteinander verknüpfen, nur einen Fehler machen. Der Organizer weist Sie dann jedoch darauf hin, daß Sie eine Information nicht mit sich selbst verknüpfen können.

Selbstverständlich können Sie auch mehrere Informationen auf sehr einfache Art und Weise miteinander verbinden, indem Sie mit Hilfe des Ankers eine Verknüpfung zwischen einer bestehenden Verknüpfung (markiert durch ein Kettenglied) und einer weiteren Information vornehmen.

Doch egal wie viele Verknüpfungen sich hinter einer Markierung verbergen, wichtig ist lediglich, wie leicht Sie an die entsprechende Stelle gelangen können.

Dazu müssen Sie sich nur mit gedrückter Maustaste auf die gewünschte Verknüpfung bewegen und dort die Maustaste loslassen. Sie gelangen dann zu der verbundenen Information.

Schritt 13

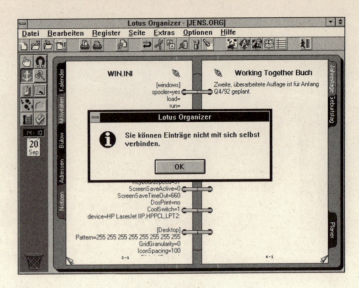

Abb. 13.2: Fehlermeldung beim Verknüpfen

Und wenn sie nicht gestorben sind, so knüpfen sie noch heute ...

Wenn sich rechts an einer Verknüpfung ein Pfeil befindet, wird dadurch eine weitere Verknüpfung der verknüpften Stelle symbolisiert. Ein Klick darauf zeigt die weitere Verknüpfung(en) an (Abbildung 13.3).

Verbinden

Drei Punkte rechts neben einer angezeigten Verknüpfung symbolisieren eine bestehende Verbindung zu einer Datei oder Applikation. Ein Klick auf diese Punkte führt Sie zur Dialogbox in Abbildung 13.4.

Anstatt nur zwei oder mehr Informationen miteinander zu verknüpfen, können Sie auch eine Verknüpfung zum Beispiel zwischen einer Notiz und einer Datei oder einem Programm erstellen.

Solch eine Verbindung erhalten Sie, wenn Sie mit dem Anker bereits den Ausgangspunkt einer Verknüpfung "verankert" haben.
Wählen Sie dann im DATEI-Menü den Punkt VERBINDEN an.

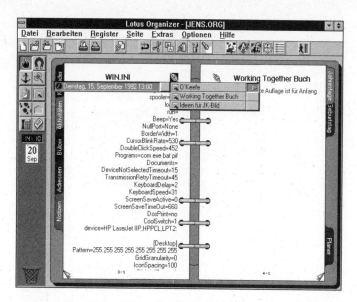

Abb. 13.3: Mehrere Verknüpfungen an einer Stelle

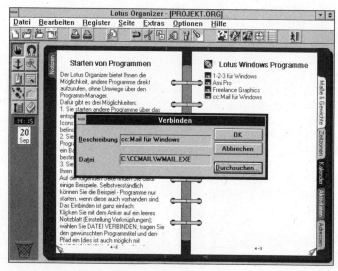

Abb. 13.4: Verbindung zu einer Datei oder Applikation

In der sich nun öffnenden Dialogbox können Sie erst einmal eine BESCHREIBUNG, also einen Namen für die Verbindung eintragen. Im Feld DATEI können Sie nun eine zu startende Windows-Applikation spezifizieren. Es genügt jedoch häufig auch, daß Sie einen Dateinamen (natürlich mitsamt des kompletten Verzeichnispfades) angeben. Dies setzt jedoch voraus, daß in der WIN.INI im Abschnitt [Extensions] eine Dateiverknüpfung eingetragen ist. Ist diesem Fall erkennt Windows anhand der Dateinamenserweiterung, also zum Beispiel .ORG, welches Programm mit dieser Datei arbeitet. Wenn Sie den genauen Datei- oder Verzeichnisnamen nicht kennen, so können Sie mit einem Klick auf die Schaltfläche DURCHSUCHEN eine Navigationshilfe erhalten. Mit OK verlassen Sie diese Dialogbox.

Ein Klick auf eine solcherart hergestellte Verknüpfung startet dann die passende Applikation und lädt sogar die Datei, falls Sie zusätzlich zum Programm auch den Dateinamen angegeben haben sollten.

Um zum Beispiel die Datei ACCEPT.WRI im Verzeichnis C:\ORGANIZE\SAMPLE\ automatisch in das zu startende Programm Windows-Write zu laden, lautet der korrekte Eintrag:

```
WRITE C:\ORGANIZE\SAMPLE\ACCEPT.WRI
```

Falls in der WIN.INI unter [Extensions] die Endung .WRI bereits mit dem Programm Write verknüpft ist, so kann die Angabe des Programms auch entfallen der folgende Eintrag genügt dann im Feld DATEI:

```
C:\ORGANIZE\SAMPLE\ACCEPT.WRI
```

Mit dieser Funktionalität können Sie leicht die Beschränkung von fünf darstellbaren Dateien im DATEI-Menü umgehen. Wenn Sie häufig verschiedene Organizer-Dateien öffnen müssen, können Sie zum Beispiel im Register NOTIZEN mehrere der oben erläuterten Verbindungen erstellen und dann später mit einem Mausklick eine weitere Kopie des Organizers öffnen, direkt schon mit der passenden Datei. Sie sparen sich dadurch den Weg über den Programm-Manager von Windows.

Verknüpfung trennen

Wenn Sie in der Toolbox die AXT anklicken oder EXTRAS-AXT wählen, erhält der Mauszeiger einen martialischen Zusatz, eben die

Axt. Ein Schlag, pardon, Klick mit der Axt auf eine Verknüpfung löst diese wieder auf. Wenn sich hinter einer Verknüpfung mehrere Verbindungen verbergen, so müssen Sie jede der Verknüpfungen einzeln mit der AXT "durchtrennen".

Weitere Verknüpfungen

Weitere Verknüpfungen sind die sogenannten DDE-Verknüpfungen. Etwas zu diesem Thema konnten Sie bereits in Schritt 8, Notizen, lesen. Nur im Register NOTIZEN ist es möglich, DDE-Verknüpfungen zu anderen Datenquellen als dem Organizer herzustellen.

DDE=Dynamic Data Exchange (Dynamischer Datenaustausch)

Das Prinzip von DDE-Verbindungen beruht auf der Idee, ständig über aktuelle Informationen auf einen Blick zu verfügen, ohne lange zu suchen oder Routinearbeiten durchzuführen.

Wozu sind die denn gut?

Eine DDE-Verbindung ist praktisch eine lebende Referenz auf einen Teil einer anderen Datei, die meist von einem anderen Programm erstellt wurde. Ändert sich der Inhalt dieser Datei, so wird auch automatisch der verknüpfte Bereich modifiziert.

Falls Sie nicht wissen sollten, wie man eine DDE-Verknüpfung erstellt, so sei dies hier kurz erläutert.

Starten Sie dazu zuerst einmal eine andere Windows-Applikation, die DDE-fähig ist (lesen Sie dies in den jeweiligen Handbüchern nach). Aus dem Hause Lotus kann Ihnen dazu jedes Programm dienen. Hier nutzen wir das weltweit bekannteste Lotus-Programm, nämlich 1-2-3 für Windows.

In 1-2-3 für Windows öffnen oder erstellen Sie eine beliebige Datei. Falls Sie eine neue Datei erstellen, müssen Sie diese mit ein wenig Inhalt füllen und speichern (DDE-Verknüpfungen funktionieren nur mit bereits benannten Dateien, nicht mit Dateien mit dem Titel [Unbenannt]).

Markieren Sie einen beliebigen Bereich in Ihrer 1-2-3-Datei und kopieren ihn mit dem entsprechenden SmartIcon oder mit BEARBEITEN-KOPIEREN in die Zwischenablage.

Im Organizer erstellen Sie nun eine neue Notiz, wie Sie es in Schritt 8, Notizen, gelernt haben. Als TYP wählen Sie dabei TEXT oder BITMAP, je nachdem ob Sie Zahlen oder eine Grafik aus 1-2-3 kopiert haben. Im Feld VON wählen Sie dann noch DDE aus und können schon mit OK bestätigen.

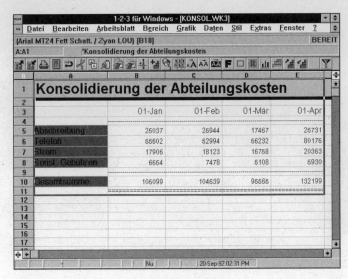

Abb. 13.5: Markierter Bereich in der 1-2-3-Datei

Bewegen Sie sich dann zur neu eingefügten Notiz, klicken Sie auf das leere Feld unter ihrer Überschrift, und wählen Sie im

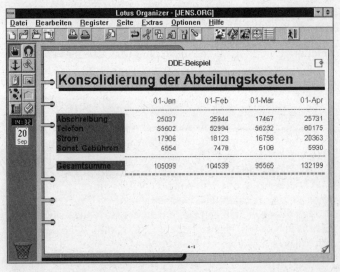

Abb. 13.6: Eingefügte DDE-Verbindung

BEARBEITEN-Menü den Punkt VERKNÜPFUNG EINFÜGEN AN. Alternativ hätten Sie auch im Feld QUELLE in der Dialogbox NOTIZEN SEITE EINFÜGEN die Quelldatei angeben oder mit Durchblättern aus einer Liste der verfügbaren DDE-Server auswählen können (Abbildung 8.3).
Wie immer Sie auch vorgehen, Ihr Ergebnis wird in etwa so aussehen wie in Abbildung 13.6.

Da eine DDE-Verknüpfung nichts anderes als eine Referenz auf eine andere Datei ist, sollten Sie sicherstellen, daß diese auch in Zukunft jederzeit und am selben Ort (im selben Verzeichnis) verfügbar ist, da sonst der Inhalt der DDE-Verknüpfung nicht dargestellt werden kann.

Um dies zu vermeiden, beispielsweise, weil Sie nicht permanent an ein Netzwerk angeschlossen sind, jedoch zumindest den letzten Stand der Information ständig verfügbar haben müssen, können Sie in der Dialogbox NOTIZEN SEITE EINFÜGEN die Option KOPIE BEHALTEN ankreuzen. Dies stellt sicher, daß jeweils die letzte Version der DDE-Information mit in die Organizer-Datei übernommen wird.

Schritt 13

Schritt 14:
Einsatz im Netz und unterwegs

Installation im Netzwerk

Wie in Schritt 1, Installation, beschrieben, können Sie den Organizer (ausreichend Lizenzen vorausgesetzt) problemlos auf einem Netzlaufwerk installieren.

Die einzelnen Anwender starten den Organizer nicht so:

`C:- oder D:\ORGANIZE\ORGANIZE.EXE`

sondern zum Beispiel folgendermaßen:

`F:\USER\ORGANIZE\ORGANIZE.EXE`

Dies ist jedoch nur eine Möglichkeit des Einsatzes im Netz. Alternativ kann der Organizer auch auf jeder Workstation installiert werden und lediglich die Dateien des Verzeichnisses ORGFILES liegen auf dem Fileserver.

Welche Installationsart Sie wählen wollen, bleibt Ihnen natürlich selbst überlassen. Wenn Ihr Netzwerk schon stark ausgelastet ist, sollten Sie den Organizer wohl besser komplett auf den Workstations installieren, so daß das Netz lediglich mit dem Transfer der ORG-Dateien belastet wird.

Machen Sie sich ein Bild, Teil 2

Bereits in Schritt 4, Neue Datei konfigurieren, haben Sie gelernt, wie Sie ein Bild oder Firmenlogo auf das Deckblatt einer Organizer-Datei bringen können. Dies geschah mit Unterstützung der Windows-Zwischenablage und galt jeweils nur für eine Organizer-Datei.

Besonders für den Einsatz im Netzwerk ist eine weitere Möglichkeit geeignet, damit alle Anwender ein einheitliches Deckblatt zur Verfügung haben.

Erstellen Sie dazu zuerst, zum Beispiel mit Paintbrush, eine Bitmap-Datei mit einer Größe von 208x126 Bildpunkten. Ein Bild mit diesen Maßen paßt bei einem VGA-Bildschirm genau auf das Deckblatt.

Danach ändern Sie mit dem Windows-Notizblock die Datei ORGANIZE.INI, indem Sie im Abschnitt [Title] hinter "Logo=" den Verzeichnispfad und den Dateinamen der Bitmap-Datei eintragen, also beispielweise

```
[Title]
Logo=M:\ORGANIZE\CLAUDIA.BMP
```

Beim nächsten Start des Organizers verfügen dann alle Dateien über das einheitliche Deckblatt. Weitere Optionen können Sie in den folgenden beiden Zeilen setzen.

```
FitToPage=1
```

Diese Option steht normalerweise auf 0. Wenn Sie hier eine 1 setzen, wird die Bitmap-Datei, egal wie groß sie auch sein mag, genau auf die Seitengröße angepaßt, ob es nun maßstabsgetreu ist oder nicht.

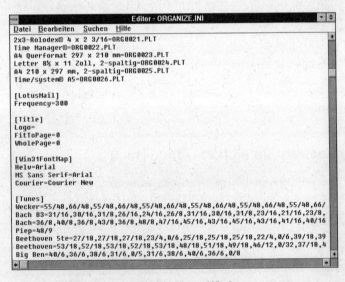

Abb. 14.1: Editieren mit dem Notizblock von Windows

```
WholePage=1
```

Diese Option steht im Normalfall ebenfalls auf 0. Mit einer 1 legen Sie fest, daß Ihr Bild nicht auf der Seite zentriert wird, sondern in der linken oberen Ecke beginnt. Auf einem VGA-Bildschirm sind 242x375 Bildpunkte die ideale Größe für ein Ganzseiten-Bitmap.

Warnung

Nur der Vollständigkeit halber sei an dieser Stelle ein Problem fast aller Datenbanken oder Planungssysteme im mobilen Einsatz erwähnt.

Im Gegensatz zu Lotus Notes, das eine Replikation ausschließlich der geänderten Datensätze (bzw. Dokumente) zwischen Laptop und Netzwerk-Server ermöglicht, können Sie mit fast allen anderen Programmen immer nur in einer Richtung arbeiten. Sie befinden sich dort also meist in einer Einbahnstraße.

Stellen Sie sich vor, sie legen auf Ihrem Laptop eine Kopie Ihrer sonst auf dem Netzwerk-Server befindlichen Organizer-Datei an. Mit dieser Datei begeben Sie sich nun auf Reisen und tragen in Ihren Organizer alle neu hinzukommenden Notizen oder Termine ein. Wieder zuhause oder im Büro kopieren Sie diese Organizer-Datei wieder ins Netz. Und schon haben Sie den "Salat"!

Wenn nämlich in Ihrer Abwesenheit ein Kollege oder Ihre Sekretärin in der auf dem Netzwerk-Server befindlichen Datei Änderungen vorgenommen haben, haben Sie diese soeben überschrieben und können nur noch hoffen, daß noch eine Sicherheitskopie mit der Endung .BAK existiert. Ansonsten ist die soeben überschriebene Datei für immer verloren.

Aus diesen und ähnlichen Gründen sollten Sie sowieso immer eine SICHERUNGSKOPIE ERSTELLEN. Dazu wählen Sie im Menü OPTIONEN den Punkt VORGABEN und kreuzen das entsprechende Feld an.

Schritt 15:
Working Together

Mit dem Organizer können Sie direkt auf Kommunikationsprogramme wie Lotus Notes oder cc:Mail zugreifen. Lotus bietet diese hervorragende Integration, das sogenannte Mail-Enabling, unter dem Motto WORKING TOGETHER an. Dieses Motto steht für das gute Zusammenspiel aller Windows-Produkte, weit über die Windows-typische gemeinsame Nutzung der Zwischenablage oder das DDE und OLE hinaus.

Working Together =Zusammen-arbeiten

Mail-Enabling =elektronische Nachrichten direkt versenden können

Text senden

Wenn auf Ihrem Rechner oder in Ihrem Netzwerk die Lotus-Programme Notes oder cc:Mail installiert sind, so verfügen Sie im DATEI-Menü über einen zusätzlichen Menüpunkt namens MAIL SENDEN. Hiermit können Sie jederzeit, ohne den Organizer verlassen zu müssen, Nachrichten senden.

Mail=Nachricht

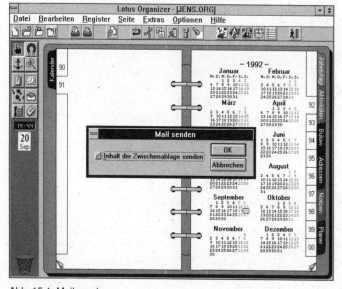

Abb. 15.1: Mail senden

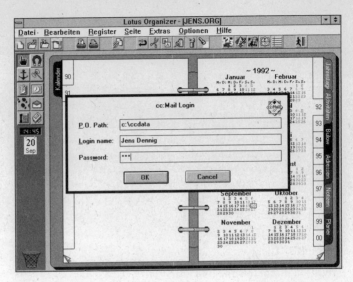

Abb. 15.2: Start von cc:Mail aus dem Organizer durch Mail-Enabling

Wenn Sie MAIL SENDEN aktivieren oder auf das entsprechende SmartIcon klicken, öffnet sich die gleichnamige Dialogbox.

Hierin werden Sie, falls die Zwischenablage Text enthält, gefragt, ob Sie diesen mitsenden möchten. Hierzu müssen Sie diese Auswahl ankreuzen. Wenn Sie kein Kreuz machen, gelangen Sie direkt in das Kommunikationsprogramm, der Inhalt der Zwischenablage wird jedoch nicht direkt in das neu zu erstellende Mail übergeben.

Je nach installiertem Kommunikationsprogramm wird entweder cc:Mail oder Notes gestartet oder, falls die Programme schon gestartet waren, aktiviert.

Wenn cc:Mail gestartet wird, so geben Sie einfach Ihr Paßwort für cc:Mail ein und bestätigen mit OK.

In Abbildung 15.3 sehen Sie, daß der Inhalt einer Notiz, der zuvor mittels Drag&Drop in die Windows-Zwischenablage kopiert wurde, direkt in die neu zu erstellende cc:Mail-Nachricht übertragen wurde.

In cc:Mail müssen Sie nun nur noch adressieren und die Nachricht absenden. cc:Mail verschwindet dann vom Bildschirm, und weiter geht's mit der Arbeit im Organizer.

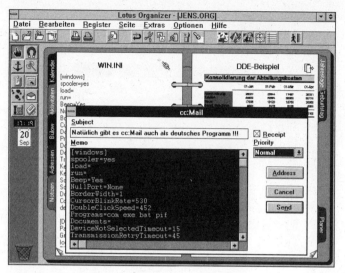

Abb. 15.3: Übergabe von Text in die neue Nachricht

Unter Mail-Enabling versteht Lotus jedoch nicht nur das Versenden, sondern auch das Empfangen von Nachrichten. Wie Sie in Abbildung 15.3 sehen können, ist im Briefumschlag in der Toolbox ein Umschlag sichtbar. Dieser weist Sie darauf hin, daß Sie ein neues Mail erhalten haben.

Ein Klick auf das Symbol des Briefumschlags aktiviert wieder cc:Mail und gibt Ihnen die Gelegenheit, die neue Nachricht zu lesen.

By the way: Natürlich gibt es cc:Mail auch in Deutsch, der Autor arbeitet halt mit der englischen Version (Abb. 15.3)

Bilder senden

Im Gegensatz zum Senden von Text aus der Zwischenablage müssen Sie anders vorgehen, wenn Sie Abbildungen aus dem Organizer versenden möchten.

Zwar können Sie Bilder ebenso wie Text in die Zwischenablage kopieren, doch können Bilder nicht in den Editor von cc:Mail übergeben werden.

Hier hilft Ihnen jedoch ein kleiner Trick. Denn mit einer cc:Mail-Nachricht können Sie gleichzeitig Dateien versenden. Also können Sie das Windows-Zeichenprogramm Paintbrush starten

Schritt 15

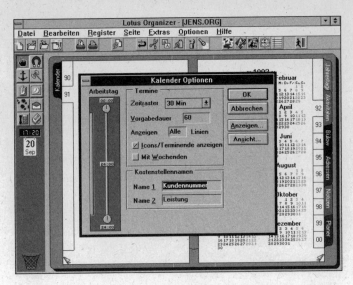

Abb. 15.4: In KALENDER OPTIONEN werden die Kostenstellennamen definiert

und dort den Befehl BEARBEITEN-EINFÜGEN ausführen. Mit DATEI-SPEICHERN sichern Sie das Bild und hängen es in cc:Mail einfach an die Nachricht an.

Mit Lotus Notes haben Sie es da einfacher. Der Notes-Editor stellt sogenannte Rich-Text-Felder zur Verfügung, in denen es Ihnen möglich ist, sowohl formatierten Text als auch Bilder einfügen zu können.

Working Together mit 1-2-3

Wenn Sie mit DATEI-EXPORTIEREN (mehr dazu lesen Sie in Schritt 18, Import/Export) den Inhalt des Registers KALENDER im ASCII- oder dBase-Format exportiert haben, so können Sie diese Daten in 1-2-3 auswerten. ASCII-Dateien importieren Sie in 1-2-3 für Windows mit DATEI-IMPORTIEREN-ZAHLEN.

Nun können Sie die in der Dialogbox KALENDER OPTIONEN unter KOSTENSTELLENNAMEN definierten NAME 1 und NAME 2 auswerten, um zum Beispiel die Umsätze bei einzelnen Kunden zu berechnen (interessant für alle, die zum Beispiel beruflich Beratungszeit fakturieren).

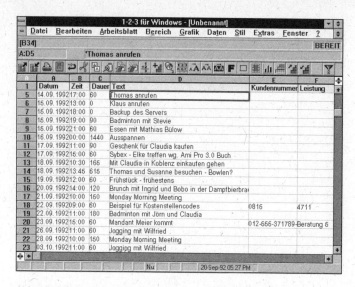

Abb. 15.5: Import aus einer ASCII-Datei in 1-2-3 für Windows

In Abbildung 15.5 sehen Sie oben ein Beispiel für den Import aus einer ASCII-Datei als Text, unten ein Beispiel für den Import als Zahlen. Wenn Sie noch weitere Auswertungen in 1-2-3 vornehmen möchten, wovon eigentlich auszugehen ist, macht es, wie Sie sehen, wenig Sinn, als Text zu importieren.

Dabei wird nämlich jeweils der Inhalt einer Zeile der ASCII-Datei in eine Zelle von 1-2-3 eingetragen, inklusive der Feldbegrenzer (Anführungszeichen) und Feldtrenner (Kommata).

Wenn Sie aus dem Organizer im dBase-Format exportiert haben, so müssen Sie entweder das 1-2-3-Translate-Programm oder dessen Datalens-Technologie nutzen, um auf Ihre Daten zugreifen zu können. Wenn Sie also nicht unbedingt im dBase-Format exportieren müssen, haben Sie es mit dem ASCII-Format in 1-2-3 leichter.

Working Together mit Ami Pro

Wenn Sie, zum Beispiel für die Seriebriefgestaltung, Daten in Ami Pro übergeben möchten, so spielt es keine Rolle, ob diese Daten im ASCII- oder dBase-Format vorliegen. Ami Pro kann problemlos auf verschiedene Formate für die Serienbrieferstel-

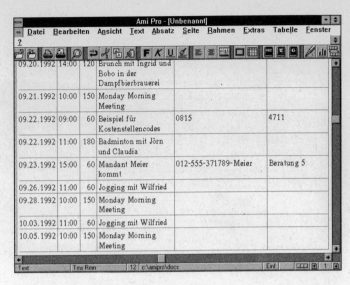

Abb. 15.6: Import aus einer dBase-Datei in eine Tabelle von Ami Pro

lung zugreifen. Für den direkten Datenimport, also nicht nur zum Mischen, ist das dBase-Format in Ami Pro vorzuziehen. Daten in diesem Format können Sie leichter in eine Ami Pro-Tabelle einfügen.

Hinter dem Motto "Working Together" verbirgt sich noch viel mehr Technologie, zum Beispiel Lotus TOOLS, VIM oder ALEX. Mehr darüber lesen Sie im SYBEX-Buch "Lotus Working Together".

Schritt 16:
INI-Dateien

Für die Arbeit mit dem Lotus Organizer sind vier INI-Dateien relevant, zweimal die Datei ORGANIZE.INI, die Dateien LOTUS.INI und WIN.INI.
   Die erste Datei mit Namen ORGANIZE.INI befindet sich im Programmverzeichnis des Organizers. Sie ist im folgenden verkürzt abgedruckt und wird in der Marginalspalte kommentiert.

ORGANIZE.INI 1

```
[PaperTypes]
Letter 8½ x 11 in=ORG0000.PLT
Legal 8½ x 14 in=ORG0001.PLT
A4 210 x 297 mm=ORG0002.PLT
B5 176 x 250 mm=ORG0003.PLT
A5 148 x 210 mm=ORG0004.PLT
3x10-Labels 1 x 2 5/8 in=ORG0005.PLT
2x10-Labels 1 x 4 in=ORG0006.PLT
Day-Timerr Junior Desk=ORG0011.PLT
Filofax=ORG0012.PLT
2x4-Rolodex 2 1/6 x 4 in=ORG0013.PLT
1x3-Rolodex 3 x 5 in=ORG0014.PLT
Envelope #9 3 7/8 x 8 7/8 in=ORG0015.PLT
Envelope #10 4 1/8 x 9½ in=ORG0016.PLT
Day-Timerr Senior Desk=ORG0017.PLT
Day-Timerr Junior Pocket=ORG0018.PLT
Day-Timerr Senior Pocket=ORG0019.PLT
Time Managerr=ORG0022.PLT
A4 Landscape 297 x 210 mm=ORG0023.PLT

[LotusMail]
Frequency=300

[Title]
Logo=
FitToPage=0
WholePage=0
```

Liste der vordefinierten Papierformate

Fehlende Verzeichnisangabe bedeutet, daß sich die PLT-Datei im Organizer-Verzeichnis befindet

Frequenz der Suche nach neuen Mails in Sekunden

Darstellung des Deckblattes

Im Abschnitt [Title] können Sie manuell die Anzeige eines Bildes auf dem Deckblatt *aller* Ihrer Organizer-Dateien festlegen.

Hinter "Logo=" tragen Sie den Pfad einer beliebigen Windows-Bitmap-Datei ein, also zum Beispiel C:\WINDOWS\MEIN-BILD.BMP. Hinter "FitToPage" setzen Sie entweder eine Null oder eine Eins ein. Eine Null beläßt das Bild in seinem Originalmaßstab, eine Eins besagt, daß das Bild unabhängig von seinem Maßstab genau in die obere Hälfte des Deckblatts gequetscht wird. Wenn Sie hinter "WholePage" eine Eins eintragen, so wird das Bild über das ganze Deckblatt gelegt, die Textbox wird nicht mehr dargestellt.

"Übersetzung" der Schriftarten von Windows 3.0 zu 3.1 in den PLT-Dateien

```
[Win31FontMap]
Helv=Arial
MS Sans Serif=Arial
Courier=Courier New
```

Alarm-Melodien im Kalender

```
[Tunes]
Alarm Clock=55/48,66/48,55/48,66/48,55/48,
66/48,55/48,66/48,55/48,66/48,55/48,66/48,
55/48,66/48,55/48,66/48,55/48,66/48,0/8
Beep=48/9
Beethoven 5th=27/18,27/18,27/18,23/4,0/6,
25/18,25/18,25/18,22/4,0/6,39/18,39/18,
39/18,40/6,39/6,44/6,39/18,39/18,39/18,40/6,
39/6,46/6,27/18,27/18,25/18,23/6,27/18,
27/18,25/18,23/6,20/6,
27/4,0/6,28/12,28/12,28/12,25/4,0/6
Digital=56/32,56/32,56/32,56/32,56/32,56/32,
56/32,56/32,0/4
Silent=31/4,33/12,31/6,28/4,0/8
Wedding=43/4,48/6,48/12,48/4,0/5,43/4,50/6,
47/12,48/4,0/8
Marseillaise=20/12,20/24,25/8,25/8,27/8,27/8,
32/5,29/24,25/12,25/24,29/12,25/24,22/8,30/4,
27/12,24/24,25/4,0/8
```

Diese Angaben benötigt der Organizer beim Import/Export von Daten - löschen oder verändern Sie hier nichts!

Schritt 16

```
[CodePage]
Windows Default (ANSI)=0
US (437)=437
Multilingual (850)=850
Portugal (860)=860
Canada (French) (863)=863
Norway/Denmark (865)=865
```

```
Macintosh=999
[CodePage-437-EXPORT]
; A blank line indicates no translation in
this block. If any translation is required,
then the line line up to the last translation
must be present.
; the -1 key indicates the character to sub-
stitute for all
'No Mapping' (-1) in the tables
-1=32


[CodePage-437-IMPORT]
-1=32


[CodePage-850-EXPORT]
-1=32
```

ORGANIZE.INI 2

Im Windows-Verzeichnis hat die Datei ORGANIZE.INI einen anderen Inhalt, je nach den Optionen, die Sie bereits im Organizer aktiviert haben. Das folgende Beispiel enthält alle möglichen Optionen, meist wird in einer INI-Datei nur ein Teil davon enthalten sein.

[Options]
UnlitSegments=1
Die nicht beleuchteten Elemente der Digitaluhr darstellen? (0=Nein, 1=Ja).

Persönliche Optionen

LCD=0
Monochrome Darstellung (optimiert für LCD-Laptops)? (0=Nein, 1=Ja).

SaveMode=0
Speicheroptionen (0=Automatisch nach jeder Änderung speichern, 1=Speichern nach vorgegebener Zeit, 2=Nur auf Befehl speichern).

SaveAfter=5
Alle X Minuten speichern.

```
SavePrompted=0
```
Wollen Sie beim Speichern nach vorgegebener Zeit noch um Erlaubnis gefragt werden? (0=Nein, 1=Ja).

```
CreateBackup=0
```
Wollen Sie bei jedem Speichern eine neue Sicherheitskopie anlegen? (0=Nein, 1=Ja).

```
Outline=1
```
Sichtbares umblättern der Seiten? (0=Nein, 1=Ja).

```
Clock=1
```
Uhr und Datum unter den Werkzeugen anzeigen? (0=Nein, 1=Ja).

Anzeigeoptionen des Organizers

```
[Settings]
SmartIconRect=362,14,798,42
```
Position einer variablen SmartIcon-Palette (in Pixeln links, oben, rechts und unten).

```
SmartIconPlace=2
```
Position der SmartIcon-Palette (0=Links, 1=Rechts, 2=Oben, 3=Unten, 4=Variabel).

```
SmartLastPlace=2
```
Letzte Position der SmartIcons.

```
SmartIcons=1
```
SmartIcons anzeigen? (0=Nein, 1=Ja).

```
Maximized=1
```
Soll der Organizer beim Start im Vollfenster angezeigt werden? (0=Nein, 1=Ja).

```
LastPos=38,10,640,488
```
Letzte Position des Organizers (in Pixeln links, oben, rechts und unten) als er nicht im Vollfenster dargestellt wurde.

```
FavoriteTune=Race
```
Bevorzugte Melodie für den Alarm.

```
PlayTune=1
```
Vorgabe für den Alarm - mit Melodie? (0=Nein, 1=Ja).

Schritt 16

```
SampleTune=1
```
Vorgabe für den Alarm - Test zulassen? (0=Nein, 1=Ja).

```
WinPlus=1
```
Dialogfelder grau anzeigen (0=Nein, 1=Ja).

```
File1=C:\ORGANIZE\DENNIG.ORG
File2=M:\ORGANIZE\DENNIG_N.ORG
File3=M:\ORGANIZE\ABC.ORG
File4=
File5=
```
Bis zu fünf Datei können zur schnellen Anwahl unten im DATEI-Menü angezeigt werden.

```
NoRoundRegions=0
```
Wenn Sie mit Ihrer Grafikkarte und dem Organizer Probleme haben, sollten Sie diesen Wert auf 1 setzen.

```
Default=M:\ORGANIZE\MAGIC.ORG
```
Diese Datei wird für jede neu anzulegende Datei [Unbenannt] als Vorlage genutzt.

```
Startup File=C:\ORGANIZE\ORGFILES\JENS.ORG
```
Beim Start des Organizers automatisch zu öffnende Datei.

```
device=HP LaserJet IIP,HPPCL,LPT2:
```
Standarddrucker.

```
[PaperTypes]
Jens Dennig=C:\WINDOWS\ORG1000.PLT
```
Selbstdefinierte Papierformate werden unter dem von Ihnen bestimmten Namen im Windows-Verzeichnis als PLT-Datei gespeichert.

```
[Dial]
UseNumberPrefix=0
NumberPrefix=9,
BaudRate=9600
ComPort=1
DialPrefix=ATDT
DialSuffix=
HangPrefix=+++
HangSuffix=ATH0
```

Schritt 16

```
MercuryAccessCode=
DontDial=
Pulse Dialing=0
```

Dieser Abschnitt enthält die Modem-Einstellungen, die je nach Modem unterschiedlichen Parameter müssen Sie Ihrem Modem-Handbuch entnehmen, dies können Sie entweder in dieser INI-Datei oder aber im Menü OPTIONEN-AUTOMATISCHE WAHL vornehmen.

LOTUS.INI

In der Datei LOTUS.INI befinden sich Informationen, auf die alle Lotus-Applikationen unter Windows zugreifen können, so auch der Organizer. Falls Sie die LOTUS.INI gelöscht haben, so sucht der Organizer bei einem versuchten Programmstart über Smart-Icons die dazu benötigten Informationen immer zuerst in der WIN.INI unter [Extensions] nach Informationen über Lotus-Produkte. Wenn dort keine Informationen zur Verfügung stehen, so geht der Organizer von den Vorgabepfaden aus, daß heißt, er sucht zum Beispiel 1-2-3 für Windows im Verzeichnis C:\123W. Wenn dort ebenfalls nichts zu finden ist, öffnet sich eine Dialogbox, in der Sie nach dem benötigten Pfad gefragt werden.

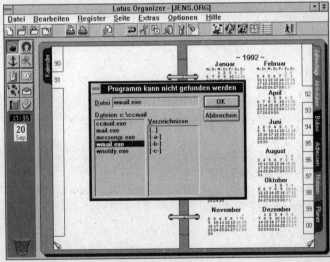

Abb. 16.1: Dialogbox zur Programmsuche

```
[Lotus Applications]
Organize=C:\ORGANIZE\ORGANIZE.EXE
AMIPRO=C:\AMIPRO
123W=C:\123W\123W.EXE
Notes=C:\NOTES\NOTES.EXE
```

Dieser Abschnitt wird für den SmartIcon-Programmstart benötigt, um die korrekten Programme zu finden.

```
[Hyphenation]
Program Path=C:\AMIPRO
Data Path=c:\amipro
```

Hier wird der Pfad der Silbentrennung für alle Applikationen festgelegt.

```
[Spell Checker]
Program Path=C:\AMIPRO
Data Path=c:\amipro
User Path=C:\AMIPRO
```

Auch Freelance Graphics oder Lotus Notes können so auf verschiedensprachige Wörterbücher von Ami Pro zugreifen.

WIN.INI

In der WIN.INI sind drei Abschnitte für die Arbeit mit dem Organizer wichtig, die Abschnitte [LotusMail], [Extensions] und [windows].

Im Bereich [windows] können Sie hinter "load=" oder "run=" den Verzeichnispfad und den Programmdateinamen des Organizers eintragen.

Wenn Sie ihn hinter "load=" eintragen, wird der Organizer bei jedem Windows-Start geladen, bleibt jedoch in Symbolgröße auf dem Windows-Desktop, bis Sie durch einen Doppelklick das Programm aktivieren.

Wenn Sie den Eintrag jedoch hinter "run=" vornehmen, so wird der Organizer in voller Größe geöffnet.

```
[windows]
spooler=no
```

Schritt 16

Laden oder starten?

```
load=C:\ORGANIZE\ORGANIZE.EXE ^.ORG
run=M:\CCMAIL\WMAIL.EXE
Beep=Yes
```

In dieser INI-Datei werden nur relevante Ausschnitte aus einer Originaldatei gezeigt!

```
NullPort=None
BorderWidth=1
Programs=com exe bat pif
Documents=
DosPrint=no
CoolSwitch=1
device=HP LaserJet IIP,HPPCL,LPT2:

[Extensions]
cal=calendar.exe ^.cal
crd=cardfile.exe ^.crd
trm=terminal.exe ^.trm
txt=notepad.exe ^.txt
ini=notepad.exe ^.ini
pcx=c:\coreldrw\photopnt\corelpnt.exe ^.pcx
sam=c:\amipro\amipro.exe ^.sam
ORG=c:\ORGANIZE\ORGANIZE.EXE ^.ORG
```

Wenn Sie einen solchen Eintrag in der WIN.INI haben, so können Sie im Datei-Manager von Windows durch einen Doppelklick auf eine ORG-Datei den Organizer starten und die Datei dabei öffnen.

Um eine solche Verknüpfung im Abschnitt [Extensions] zu erstellen, brauchen Sie nicht die WIN.INI zu editieren. Es reicht aus, wenn Sie im Datei-Manager mit DATEI-VERKNÜPFEN eine solche Beziehung festlegen.

Schritt 16

Schritt 17:
Drucken

Wenn Sie den Inhalt Ihres Organizers nicht immer nur in elektronischer Form nutzen wollen, können Sie dessen Inhalt leicht zu Papier bringen. "Papier" - da sind wir schon beim ersten Thema, denn vor das erste Drucken haben die Götter die Definition des Seitenlayouts gestellt. Da es eine große Anzahl unterschiedlicher Papierformate für Planungsutensilien gibt, muß ein perfektes Programm die Möglichkeit bieten, diese auch bedrucken zu können.

Mit DATEI-SEITENFORMAT gelangen Sie in die Dialogbox in Abbildung 17.1. Hier können Sie im Bereich PAPIERFORMATE natürlich angeben, daß Sie mit DIN A4-Papier arbeiten möchten. Da dieses Papierformat jedoch wohl nur selten in Ihr persönliches Zeitplanungssystem paßt, können Sie aus einer großen Anzahl von vordefinierten Formaten auswählen. Es stehen sowohl die Formate des FILOFAX, ROLODEX oder des DAY-TIMERS als auch noch viele

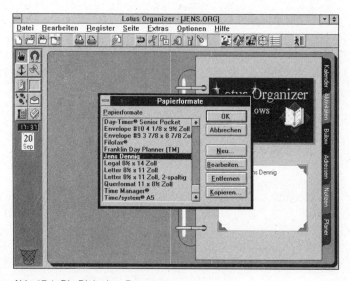

Abb. 17.1: Die Dialogbox PAPIERFORMATE

andere zur Verfügung. Ein Klick auf das gewünschte Format, ein weiterer Klick auf OK, und fertig ist die Formatwahl.

Doch halt, so einfach geht es vielleicht bei Ihnen nicht? Vielleicht arbeiten Sie mit dem in Deutschland sehr populären TIME/SYSTEM? Dann ist es zwar ein leichtes festzustellen, daß Sie die Papiergröße DIN A5 einstellen müssen, doch wie soll die Seite eingerichtet werden? Das Formular "Tagesplan" ist dort zum Beispiel zweispaltig, eine Zeile etwa 4,5 mm hoch. Nun, erstellen Sie doch einfach Ihr ganz persönliches Seitenformat. Dazu haben Sie in der Dialogbox PAPIERFORMATE verschiedene Schaltflächen zur Verfügung. Tabelle 17.1 erläutert deren Bedeutung:

Schaltfläche	Funktion
NEU	Erstellt ein von Grund auf neues Papierformat
BEARBEITEN	Verändert ein bestehendes Format und speichert es danach unter gleichem Namen
ENTFERNEN	Löscht das markierte Papierformat, nur selbsterstellte Formate können entfernt werden
KOPIEREN	Dupliziert ein bestehendes Format, um es nach einer Modifizierung unter anderem Namen speichern zu können

Tab. 17.1: Funktion der Schaltflächen in der Dialogbox PAPIERFORMATE

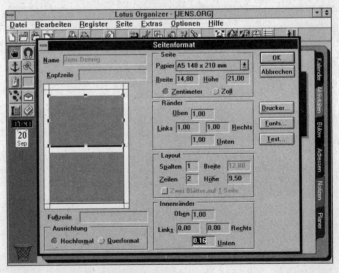

Abb. 17.2: Die Dialogbox SEITENFORMAT

Die drei Schaltflächen NEU, BEARBEITEN und KOPIEREN führen Sie allesamt in die Dialogbox in Abbildung 17.2.

In der Dialogbox SEITENFORMAT können Sie jetzt ganz genau definieren, wie viele Zeilen, Spalten oder Bereiche Ihr Blatt besitzen soll.

Wenn Sie KOPIEREN oder NEU angeklickt haben, so können Sie im Feld NAME erst einmal eine Benennung des neu zu erstellenden Formates vornehmen.

In KOPFZEILE und in FUSSZEILE tragen Sie ein, welcher Text oben und unten auf der Seite gedruckt werden soll. Die folgende Tabelle 17.2 gibt Ihnen einen Überblick über die möglichen Inhalte der Kopf- und Fußzeilen.

Eingabe	Funktion
&d	Druckt das aktuelle Datum im Kurzformat, z.B. 11/8/92
&D	Druckt das aktuelle Datum im Langformat, z.B. Dienstag, 11. August 1992
&t	Druckt die aktuelle Zeit
&p	Numeriert die Seiten
&f	Druckt den Namen der Organizer-Datei
&F	Druckt den Namen der Organizer-Datei mit Angabe des kompletten Verzeichnispfades
&l	Linksbündige Ausrichtung des folgenden Textes
&r	Rechtsbündige Ausrichtung des Textes
&c	Zentrierte Ausrichtung
&v	Druckt die Versionsnummer des Programms
&s	Druckt den Namen des Registers, aus dem gedruckt wird
&a	Druckt den Namen des Seitenformats (nennen Sie dann Ihre Seitenformate z.B. "Tagesplan" oder "Besprechungsplan/Checkliste")
&b	Druckt die von Ihnen ausgewählten Angaben über Druckoptionen
&0	Druckt den Kopf- oder Fußzeilentext mit seinem verbundenen Bildschirmfont NORMAL (Abb. 17.3)
&1	dto. mit dem Font MONATE
&2	dto. mit dem Font TITEL
&3	dto. mit dem Font KALENDER
&4	dto. mit dem Font FAX/TELEFON
&6	dto. mit dem Font INHALT

Eingabe	Funktion
&&	Druckt das &-Zeichen (um also z.B. den Text "Drag & Drop" in eine Kopf- oder Fußzeile einzudrücken, müssen Sie "Drag && Drop" eingeben)

Tab. 17.2: Optionen für Kopf- und Fußzeilen

Die AUSRICHTUNG Ihrer Seite legen Sie fest, indem Sie entweder den Punkt HOCHFORMAT oder QUERFORMAT aktivieren.

Beachten Sie vorerst nicht die stilisierte Seite in der Mitte der linken Hälfte der Dialogbox. Zwar können Sie dort mit der Maus den bedruckbaren Bereich der Seite definieren, einfacher und zugleich genauer geht das jedoch in der rechten Hälfte der Dialogbox.

Im Bereich SEITE legen Sie im Pulldown-Menü PAPIER erst einmal fest, welches Papier in Ihrem Drucker zur Verfügung steht. Wenn Ihr Format dort nicht zur Verfügung steht, so geben Sie in den Feldern BREITE oder HÖHE die benötigten Werte in ZENTIMETER oder ZOLL ein.

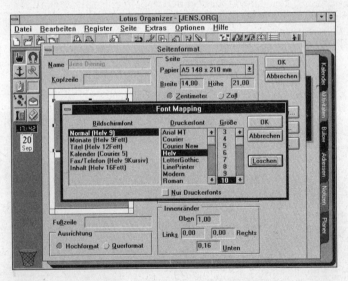

Abb. 17.3: Font Mapping

Im Bereich RÄNDER stellen Sie die Seitenränder OBEN, LINKS, RECHTS und UNTEN ein. Die Maßeinheit hängt hier, wie auch in allen anderen Feldern, von der im Bereich SEITE definierten Einheit ab.

Im Bereich LAYOUT können Sie nun festlegen, in wie viele ZEILEN und SPALTEN die Seite aufgeteilt werden soll. Mit der Option ZWEI BLÄTTER AUF EINER SEITE bestimmen Sie, daß zwei im Organizer gegenüberliegende Seiten auf einer Seite gedruckt werden sollen.

Mit einem Klick auf die Schaltfläche FONTS gelangen Sie in die Dialogbox in Abbildung 17.3.

Hier legen Sie fest, in welcher Schriftart die BILDSCHIRMFONTS ausgedruckt werden sollen. Um einen 1:1-Ausdruck zu gewährleisten, müssen Sie jeweils genau die gleichen BILDSCHIRM- wie DRUCKERFONTS verwenden.

Wenn Sie nicht genau wissen, über welche eingebauten Fonts Ihr Drucker verfügt, können Sie NUR DRUCKERFONTS ankreuzen. So stellen Sie sicher, daß Ihr Drucker immer im schnellen Textmodus drucken kann und nicht den langsamen Grafikmodus nutzen muß, um True Type- oder ATM-Schriften ausgeben zu können.

Wenn Sie dort ein gehöriges Kuddelmuddel angerichtet haben, so können Sie durch einen Klick auf LÖSCHEN alle selbst vorgenommenen Einstellungen wieder rückgängig machen.

Bei dieser Gelegenheit werden Sie feststellen, daß die Bildschirmfonts des Organizers, zumindest in der Version 1.0, "hardcoded" sind. Dies bedeutet, daß Sie keinerlei Einfluß auf die Bildschirmfontgröße Ihres Organizers haben. Dies mag bei einer Bildschirmauflösung von 800x600 Bildpunkten (SVGA) nicht weiter tragisch sein. Bei 1024x768 oder gar 1280x1024 Bildpunkten werden Sie jedoch fast mit einer Lupe am Bildschirm sitzen müssen.

Sie sollten daher auch als Besitzer einer ultrahochauflösenden Grafikkarte nur eine Auflösung von 800x600 Bildpunkten wählen, um den vollen Spaß am Organizer zu haben.

Drucken

Nachdem Sie jetzt Ihr persönliches Seitenlayout erstellt beziehungsweise gewählt haben, können Sie zum eigentlichen Drukken übergehen.

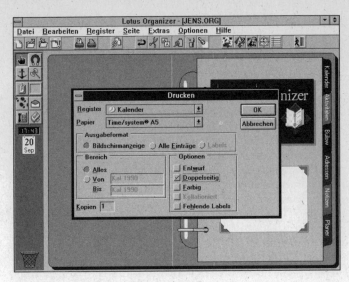

Abb. 17.4: Drucken

Mit einem Klick auf das entsprechende SmartIcon oder mit DATEI-DRUCKEN gelangen Sie in in die Dialogbox in Abbildung 17.4.

Im Pulldown-Menü REGISTER wählen Sie erst einmal aus, welchen Registerinhalt Sie zu Papier bringen möchten. Dessen Format legen Sie dann noch im Pulldown-Menü PAPIER fest. Mit einem Klick auf OK können Sie nun schon den Druck starten. Die Voreinstellung bestimmt nämlich immer, daß das aktive Register mit der (den) gerade sichtbaren Seite(n) gedruckt wird. Eine Ausnahme bildet das Register KALENDER, dort wird als Voreinstellung das aktuelle Jahr zum Druck vorgeschlagen.

Diese Voreinstellungen lassen sich jedoch leicht ändern. Im Bereich AUSGABEFORMAT haben Sie die Wahl zwischen der formatierten BILDSCHIRMANZEIGE, können ALLE EINTRÄGE ohne Formatierung drucken oder Adressen als LABELS ausgeben.

Im Feld BEREICH wählen Sie entweder ALLES aus oder bestimmen mit VON und BIS den zu druckenden Bereich, zum Beispiel "VON Kal 1992" und "BIS Kal 1993" oder "VON A" und "BIS C" aus dem Register ADRESSEN.

Im Feld KOPIEN können Sie eine beliebige Zahl zwischen 1 und 999 eintragen.

Fünf OPTIONEN stehen Ihnen dann noch zur Verfügung.

Mit ENTWURF drucken Sie besonders schnell unter Verwendung der eingestellten Druckerfonts.

Besonders wichtig und gelungen ist meines Erachtens die Option DOPPELSEITIG. Sie müssen nicht unbedingt über einen beidseitigen Drucker verfügen, um diese Option nutzen zu können. Der Organizer fordert Sie automatisch auf, das Papier umzudrehen, falls Ihr eingesetzter Drucker dazu nicht in der Lage ist.

Mit FARBIG bestimmen Sie, daß auf einem Farbdrucker auch wirklich farbig gedruckt wird. Ansonsten wird auch dort nur schwarz-weiß ausgedruckt.

Die Option KOLLATIONIERT bedeutet, daß bei mehreren zu druckenden Kopien immer zusammenhängende Sätze gedruckt werden. Normalerweise werden die Seiten nacheinander in der benötigten Anzahl gedruckt, da dies der Druckgeschwindigkeit äußerst zuträglich ist.

Sehr praktisch ist die Option FEHLENDE LABELS. Wenn Sie Adressen auf Labels drucken wollen, so können Sie hier angeben, wie viele Labels auf dem Träger bereits fehlen. Anderenfalls würde der Labelträger von oben nach unten bedruckt - ein Drucker hat halt keine Augen, die müssen Sie ihm schon ersetzen. Die Eingabe der fehlenden Labels erfolgt in einer weiteren Dialogbox, wenn Sie mit OK den Druck starten wollen.

HP Laserjet

Wenn Sie auf einem HP Laserjet drucken möchten, so sollten Sie immer genau dessen verfügbaren Speicher einstellen.

Dazu starten Sie die Windows-Systemsteuerung und doppelklicken dort auf das Symbol für den Drucker.

In der sich dann öffnenden Dialogbox wählen Sie unter INSTALLIERTE DRUCKER Ihren HP Laserjet an, indem Sie mit der Maus einmal darauf klicken. Danach klicken Sie auf die Schaltfläche mit der Aufschrift EINRICHTEN. Im Dropdown-Menü des Feldes SPEICHER wählen Sie die Größe aus, die dem eingebauten Arbeitsspeicher Ihres Druckers entspricht.

Wenn Sie mit einem Laserjet-kompatiblen Drucker arbeiten, so sollten Sie, wenn die genaue Speichergröße nicht angegeben wird, den nächstkleineren Wert auswählen.

Wenn Sie diese Anweisungen mißachten, können beim Ausdrucken Fehler auftreten. Natürlich können Sie diese Druckereinstellungen auch direkt aus dem Organizer heraus vorneh-

Schritt 17

135

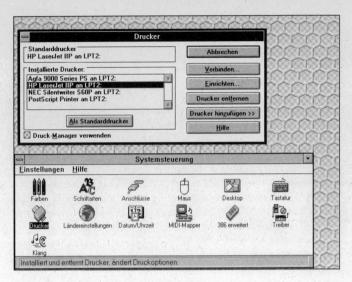

Abb. 17.5: Die Windows-Systemsteuerung

men. Dazu wählen Sie im DATEI-Menü den Befehl DRUCKER WECHSELN, klicken dort auf die Schaltfläche DRUCKER und gehen wie oben beschrieben vor.

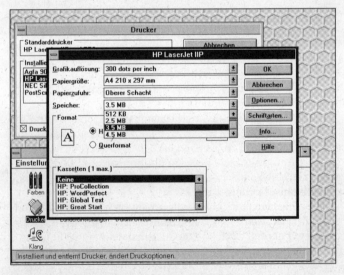

Abb. 17.6: Verfügbaren Speicher für Laserjet angeben

Schritt 18:
Import/Export

Wußten Sie bisher auch nie, wozu man den Karteikasten von Windows gebrauchen kann? Dann benötigen Sie ihn jetzt erst recht nicht!

Doch wenn Sie zu den bemitleidenswerten Geschöpfen gehören, die noch nennenswerte Datenbestände in diesem äußerst leistungsfähigen Programm ihr eigen nennen, dann werden Sie vom Organizer getröstet. Denn der Lotus Organizer kann sogar Daten dieses exotischen Formats sowohl importieren als auch exportieren.

Import- und Exportformate

Der Organizer unterstützt drei Fremdformate, die in der folgenden Tabelle 18.1 erläutert werden. Importe und Exporte sind ebenfalls aus und zu anderen Organizer-Dateien möglich.

Endung	Programm oder Herkunft
CSV	ASCII-Datei
CRD	Windows-Karteikasten (Cardfile)
DBF	dBase II, III oder IV
ORG	Lotus Organizer

Tab. 18.1: Unterstützte Import-/ Exportformate

CSV bedeutet "Comma separated Variables". Sie müssen also sicherstellen, daß ASCII-Importdateien als Feldtrennzeichen Kommata verwenden und jedes einzelne Feld mit einem Anführungszeichen beginnt.

Die einzelnen Datensätze müssen jeweils durch ein ⏎ und einen Zeilenvorschub (CR/LF) getrennt sein. Auf diese Art exportiert der Organizer auch im ASCII-Format, falls Sie nicht manuell den Zeilenvorschub unterdrücken, indem Sie in der Dialogbox IMPORT/EXPORT-OPTIONEN das Feld WECHSEL VON CR/LF ZU CR ankreuzen.

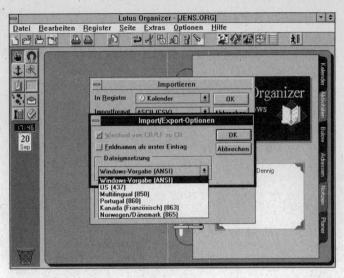

Abb. 18.1: Dialogbox IMPORT/EXPORT-OPTIONEN

Import

Die folgende Tabelle 18.2 gibt Ihnen einen Überblick über die vom Organizer unterstützten Importformate. Die brauchbaren Formate differieren je nach Register, in das Sie importieren möchten. Das Format des Karteikastens wird zum Beispiel beim Import in den Kalender nicht unterstützt, wozu auch? Seltsamerweise wird der Karteikasten im Organizer mit CARDFILE statt mit Kartei bezeichnet. CARDFILE.EXE ist der Name der entsprechenden Programmdatei. Aus dem dBase-Format zu importierende Dateien können im dBase II-, III- oder IV-Format vorliegen.

Register	ASCII	Cardfile	dBase	Organizer
Kalender	x		x	x
Aktivitäten	x		x	x
Adressen	x	x	x	x
Notizen	x	x	x	x
Planer	x		x	x
Jahrestage	x		x	x

Tab. 18.2: Unterstützte Importformate

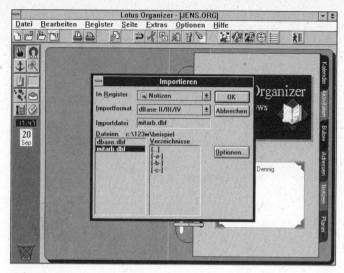

Abb. 18.2: Dialogbox IMPORTIEREN

In Abbildung 18.2 sehen Sie die Dialogbox, in die Sie gelangen, wenn Sie im DATEI-Menü den Punkt IMPORTIEREN anwählen. Im Dropdown-Menü des Feldes IN REGISTER wählen Sie zunächst einmal Ihr Importziel aus, ob Sie also in den KALENDER, den PLANER oder ein anderes Register importieren möchten. Danach stellen Sie im Feld IMPORTFORMAT das Format der Quelldatei ein.

Nun fehlt nur noch im Feld IMPORTDATEI der Dateiname mitsamt der kompletten Angabe des Verzeichnispfades. Hinter DATEIEN wird bereits der aktuelle Verzeichnispfad angezeigt. Mit diversen Mausklicks im Feld VERZEICHNISSE gelangen Sie in das gewünschte Verzeichnis. Die dort gefundenen Dateien werden dann im Feld DATEIEN aufgelistet.

Wenn Sie zum Beispiel beim Import von ASCII-Dateien nicht nach Dateien mit der Endung .CSV sondern .ASC suchen, so können Sie die Voreinstellung im Feld IMPORTDATEI von *.CSV auch in *.ASC ändern. Auf diese Weise werden alle gefundenen Dateien mit der Endung .ASC dargestellt. Wenn Sie alle Dateien eines Verzeichnisses auflisten möchten, können Sie im Feld IMPORTDATEI auch *.* eintragen.

Durch einen Klick auf die Schaltfläche OPTIONEN gelangen Sie in eine weitere Dialogbox (Abbildung 18.1). Dort können Sie bei

Schritt 18

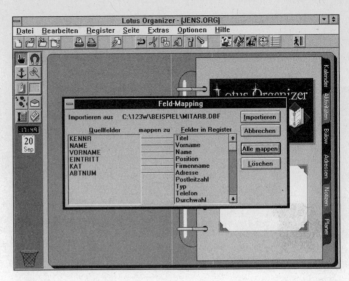

Abb. 18.3: FELD-MAPPING beim Import

einem Import aus ASCII-Dateien ankreuzen, ob sich die FELDNA-MEN ALS ERSTER EINTRAG in der Datei befinden.

Das Feld DATEIUMSETZUNG dient Ihnen zur Umwandlung von Dateien aus der DOS-Umgebung, vom Apple Macintosh oder von Windows-Systemen, die mit einer anderen Codepage arbeiten.

Wenn Sie alle Angaben eingetragen haben, schließen Sie mit OK die Dialogbox und setzen den Import mit der Dialogbox FELD-MAPPING fort.

Oben in der Dialogbox in Abbildung 18.3 werden der Verzeichnispfad und der Name der Quelldatei angezeigt.

Darunter befinden sich zwei große Felder, in denen die jeweiligen Feldnamen der Quelldatei und des als Ziel ausgewählten Organizer-Registers dargestellt werden. Wenn Sie nun alle QUELLFELDER mit genau den ihnen gegenüberliegenden Zielfeldern (genannt FELDER IN REGISTER) verbinden wollen, so klicken Sie auf die Schaltfläche ALLE MAPPEN. Diesen Befehl können Sie mit LÖSCHEN wieder rückgängig machen. Die geschaffenen Verbindungen zwischen Quellfeldern und Zielfeldern werden durch schmale graue Linien wie in Abbildung 18.4 dargestellt.

Statt derart global zu mappen, können Sie auch jedem Zielfeld eines oder gar mehrere Quellfelder zuweisen. Wenn Sie

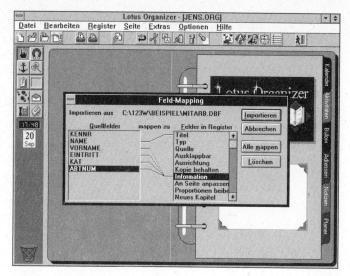

Abb. 18.4: Ungleichmäßiges FELD-MAPPING

mehrere Quellfelder mit einem Zielfeld verbinden (Abbildung 18.4), so werden die Inhalte dieser Quellfelder hintereinander in das betreffende Zielfeld importiert.

Ein Klick auf die Schaltfläche IMPORTIEREN startet nun endlich den Importvorgang. Während des Importierens wird Ihnen der jeweilige Status angezeigt.

Falls Sie beim Mapping Fehler gemacht haben, so werden Sie gefragt, ob Sie mit dem Import fortfahren wollen (Abbildung 18.5).

Antworten Sie hier mit NEIN, so können Sie die Fehler berichtigen und einen neuen Importversuch vornehmen.

Wenn Sie mit JA antworten, wird der Importvorgang weitergeführt. Seien Sie sich jedoch den dadurch eventuell entstehenden oder fehlerhaften Informationen bewußt.

Achtung! Anwender haften für ihre Eingaben.

Eine mögliche Fehlerquelle kann in einem falschen Mapping liegen. Wenn Sie zum Beispiel einen langen Feldinhalt in ein sehr stark vordefiniertes Feld wie zum Beispiel AUSKLAPPBAR oder AUSRICHTUNG importieren wollen, so müssen natürlich Probleme auftreten, da im Feld AUSKLAPPBAR ja nur die Information Ja oder Nein gespeichert werden kann. Mit anderen Feldern kann es da zu

Schritt 18

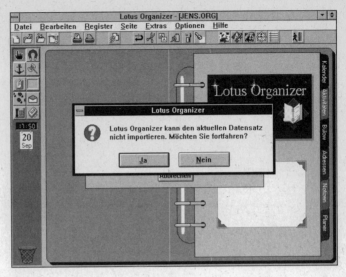

Abb. 18.5: Fehlermeldung beim Import

ähnlichen Problemen kommen. Wenn Sie jedoch keine unlogischen Verbindungen zwischen Quell- und Zielfeldern definieren, ist die Gefahr von Fehlern wohl recht gering.

Export

Die folgende Tabelle 18.3 gibt Ihnen einen Überblick über die vom Organizer unterstützten Exportformate. Die brauchbaren Formate differieren je nach Register, aus dem Sie exportieren möchten.

Register	ASCII	Cardfile	dBase	Organizer
Kalender	x		x	x
Aktivitäten	x		x	x
Adressen	x	x	x	x
Notizen	x	x	x	x
Planer	x		x	x
Jahrestage	x		x	x

Tab. 18.3: Unterstützte Exportformate

Schritt 18

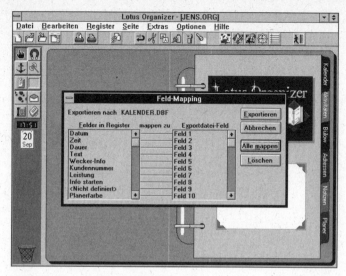

Abb. 18.6: FELD-MAPPING beim Export

Wie Sie aus den beiden Tabellen 18.2 und 18.3 entnehmen können, entsprechen die Import- genau den Exportmöglichkeiten.

Diese Ähnlichkeit setzt sich auch in der Durchführung eines Exports durch. Die Dialogbox heißt zwar statt IMPORTIEREN nun EXPORTIEREN, doch ansonsten bestehen kaum Unterschiede zum Importvorgang.

Mit DATEI-EXPORTIEREN starten Sie den Exportvorgang. In der Dialogbox heißt es nun nicht IN REGISTER, sondern AUS REGISTER, nicht IMPORTFORMAT und IMPORTDATEI, sondern EXPORTFORMAT und EXPORTDATEI. Der Rest der Dialogbox ist gleich der Importbox.

Lediglich wenn Sie die Schaltfläche OK anklicken, geraten Sie in die etwas anders aussehende Dialogbox FELD-MAPPING. In ihr fällt auf, daß die Feldnamen im Bereich EXPORTDATEI-FELD von FELD 1 an einfach durchnumeriert sind (Abbildung 18.6). Dies liegt daran, daß der Organizer ja noch nicht wissen kann, in welchem Programm Sie die exportierte Datei einmal verwenden wollen.

Mehr unterscheidet den Exportvorgang nicht vom Importvorgang.

Schritt 19:
Hilfefunktionen/Utilities

Immer häufiger kann man bei Windows-Programmen auf das zeitraubende Nachschlagen im Handbuch verzichten. Allgemeine oder kontextbezogene Hilfstexte sind in fast jeder Situation aufrufbar. Wollen Sie sich vor der Arbeit mit für Sie neuen Befehlen vertraut machen, so steht Ihnen das sehr umfangreiche ?-Menü zur Verfügung.

Das HILFE-Menü

Der Menüpunkt INDEX bietet Ihnen einen groben Überblick über die Bereiche der Organizer-Hilfe. Durch Anklicken eines grünen Textblockes können Sie tiefer in die Indexstruktur verzweigen.

INDEX

Der Punkt WIE KANN MAN bietet Ihnen keine Schulung für den Organizer, sondern macht Sie mit dem HILFE-Menü vertraut. Wer

WIE KANN MAN ...

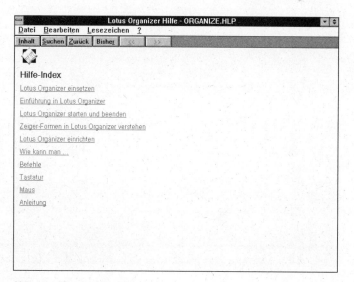

Abb. 19.1: Ein Hilfebildschirm

hat sich nicht schon einmal gefragt, wie man die eine oder andere Aufgabe lösen kann? Klicken Sie die gewünschte Aufgabe an: Schritt für Schritt wird sie leicht nachvollziehbar gelöst.

BEFEHLE   Alle Menüpunkte des Organizers werden unter dem Punkt BEFEHLE erläutert.

TASTATUR   Alle Möglichkeiten, den Organizer auch mit der TASTATUR komfortabel zu bedienen, werden hier übersichtlich gegliedert abgehandelt.

ANLEITUNG Der Punkt ANLEITUNG erläutert die Benutzung der Hilfefunktion. Wenn Sie also noch sehr unerfahren im Umgang mit Windows sein sollten, wird dieser wohl der Menüpunkt Ihrer Wahl sein.

ÜBER ORGANIZER Der Punkt ÜBER ORGANIZER zeigt Ihnen an, mit welcher Version von Organizer Sie gerade arbeiten und wer der eingetragene Benutzer ist. Sie finden hier auch noch Trademarks und Copyrights vor.

Die Dialogbox in Abbildung 19.2 informierte mich während der Erstellung dieses Buches darüber, daß ich mit einer Vorabversion, der sogenannten Silver 2 des Organizers 1.0 arbeitete.

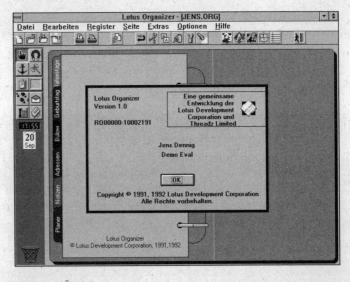

Abb. 19.2: ÜBER ORGANIZER

Kontextbezogene Hilfe

Wo auch immer Sie sich in Organizer befinden, die Taste [F1] bringt Sie ohne Umweg über das HILFE-Menü direkt in den passenden Hilfstext.

Die rechte Maustaste

Wenn Sie mit der rechten Maustaste auf eines der SmartIcons oder eines der Tools klicken, so wird Ihnen Ihr PC vielleicht wie ein Apple-Rechner vorkommen. Dort erscheint nämlich als erstes die sogenannte Bubble-Help, also die aus Comic-Heften bekannten Sprechblasen, die schnell Ihnen Aufschluß über die Funktionalität einzelner Menübefehle oder Icons geben.

Mit der rechten Maustaste können Sie auch noch auf den Papierkorb oder die Eselsohren unten an den einzelnen Seiten klicken. Probieren Sie es doch einfach einmal aus.

Zum Abschluß des Themas Hilfe sei noch ein Blick in die Datei README.TXT empfohlen. In ihr finden sich noch so manche Tips und Tricks, für die sich in diesem Buch kein Platz mehr fand.

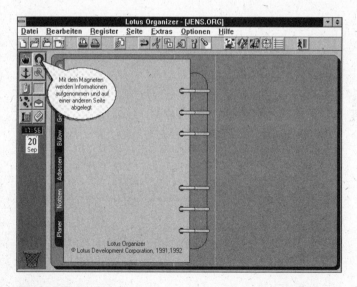

Abb. 19.3: Bubble-Help

Darin lesen Sie zum Beispiel, wie Sie den Organizer statt des Programm-Managers als Windows-Shell nutzen können. Dies ist ein gute Möglichkeit der Geschwindigkeits- und Speichereinsparung, besonders beim mobilen Einsatz von Laptops, wo es oft darauf ankommt, "mal eben schnell" in Windows zu gelangen. Dann muß man noch das entsprechende Programm starten, und schon geht die Sonne unter ...

Die Utilities

Bei der Installation des Organizers wird auch ein Programm namens ORGUTILS.EXE auf Ihre Festplatte in das Hauptverzeichnis kopiert.

Dieses Hilfs- oder Utility-Programm sehen Sie in Abbildung 19.4 dargestellt. Es kann Ihnen gute Dienste leisten, falls Ihren Organizer-Dateien mit der Endung .ORG oder .BAK einmal etwas zustoßen sollte.

Lachen Sie jetzt nicht: Es kann vieles passieren. Beispielsweise könnte ein Fehler auf Ihrer Festplatte vorliegen, der Strom ausfallen oder ein anderes Programm könnte eine Organizer-Datei beschädigen.

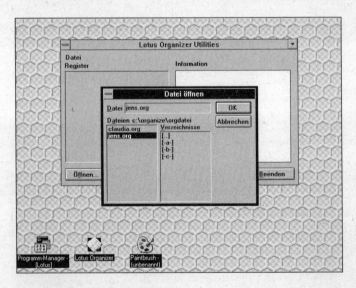

Abb. 19.4: LOTUS ORGANIZER UTILITIES

Bestehende Fehler machen sich häufig selbst bemerkbar, indem einige Funktionen nicht mehr durchführbar sind oder Ihr Programm unerwartet "abstürzt". Seit Windows 3.1 stürzt ja zum Glück meist nicht mehr das gesamte Windows ab.
Wenn Sie also derartige Fehler feststellen, sollten Sie Ihre Dateien mit den Organizer Utilities validieren lassen.

Eine weitere wichtige Funktionalität bieten die Organizer Utilities mit der Möglichkeit, Ihre Dateien zu komprimieren. Wenn Sie längere Zeit mit einer Datei gearbeitet und dabei viele Einträge verschoben oder gelöscht haben, so befinden sich in der Datei mit ziemlicher Sicherheit viele freie, unbenutzte Blöcke. Dadurch benötigt die Datei auf der Festplatte weitaus mehr Platz als unbedingt nötig ist. Daher ist es auch ohne bereits aufgetretene Fehler anzuraten, ein- bis zweimal monatlich die Datei komprimieren zu lassen.

Mit einem Klick auf die Schaltfläche ÖFFNEN gelangen Sie in eine Auswahlbox, mit deren Hilfe Sie auf Ihrer Festplatte die zu verarztende Datei auswählen können. Bestätigen Sie mit OK, so wird erst einmal der aktuelle STATUS der Datei überprüft. Eventuell gefundene Fehler werden Ihnen mitgeteilt.

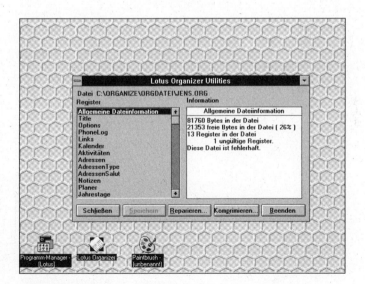

Abb. 19.5: Informationen der gewählten Datei werden angezeigt

Im Feld REGISTER sehen Sie nun wie in Abbildung 19.5 alle Teile der Organizer-Datei aufgeführt. Ein Klick auf ein beliebiges Register führt nun dazu, daß im Feld INFORMATION genau angezeigt wird, wie viele Datensätze das betreffende Register enthält, wieviel Platz es belegt und ob es in Ordnung ist.

Wurden irgendwie geartete Fehler angezeigt, so können Sie mit einem Klick auf die Schaltfläche REPARIEREN versuchen, die Datei zu reparieren. Mit KOMPRIMIEREN führen Sie die bereits oben angesprochene Komprimierung zur Plattenplatzeinsparung durch. BEENDEN schließt die Organizer Utilities.

Schritt 20:
Zeitmanagement

Und nun, nach 19 Schritten Quickstart, machen Sie bitte den letzten Schritt - vernichten Sie den Organizer.

"As time goes by..."

Ja, Sie haben richtig gehört. Löschen Sie ihn mittels des Programms UNINSTAL.EXE (jetzt wissen Sie endlich, wozu das gut ist!) von Ihrer Festplatte, vernichten Sie die Disketten und das Handbuch mitsamt Karton, und vergessen Sie alles, was Sie auf den letzten Seiten gelesen haben.

Es sei denn, Sie finden einen anderen Naiven, der Ihnen den Organizer gern euphorisch abkauft. Haben Sie selbst ihn denn nicht auch in Euphorie gekauft? "Ach, endlich genau das, wovon ich immer geträumt habe", werden Sie womöglich sagen, "dies ist endlich genau das, was ich brauche, es wird fast alle meiner Organisationsprobleme lösen". Welch ein Unsinn! Denn genau so, wie manche Männer den Frauen, von denen sie immer geträumt haben, später in der Ehe zu wenig Aufmerksamkeit schenken (vielleicht weil sie das Schreiben von Büchern über Programme wie den Organizer für wichtiger halten), wird Ihre Aufmerksamkeit für den Organizer nachlassen.

Also, fangen Sie doch am besten erst gar nicht damit an, und sparen Sie sich die benötigte Zeit, den Organizer auf Ihre Anforderungen hin zu optimieren. Es sei denn, ein Fünkchen Hoffnung hege ich ja doch noch, Sie meinten es wirklich ehrlich. Wollen Sie sich wirklich mit eiserner Disziplin aus dem Sumpf des Vergessens von Terminen, des Zuspätkommens und des Verschluderns von Telefonnummern herauskämpfen?

Ja dann, und nur dann, dürfen Sie hier noch weiterlesen. Ansonsten wäre dies reine Zeitverschwendung.

Sie haben weitergelesen? Wie schön. Dann werden Ihnen die folgenden Seiten einen Überblick über die Grundlagen des Zeitmanagements geben.

Einige Tatsachen

Über die folgenden Tatsachen werde ich nicht mit Ihnen diskutieren. Glauben Sie sie, oder lassen Sie es bleiben.

Das Erkennen dieser Tatsachen ist jedoch der erste Schritt zur Besserung.
- Gar keine Zeitplanung ist besser als eine unvollständige.
- 20% unserer Arbeitszeit machen 80% unseres Erfolgs aus.
- Also: 80% unser Arbeitszeit setzen wir für nur 20% unseres Erfolges ein.
- Wer keine Prioritäten setzt, wird seine Zeit mit Nebensächlichkeiten vertun.
- Die meisten Menschen haben ihre Leistungshöhepunkte zwischen 8 und 12 Uhr, bedürfen in der Mittagszeit ein wenig der Erholung und haben dann wieder einen Leistungshöhepunktzwischen 16 und 19 Uhr (nicht so stark wie am Vormittag).
- Wer mehr als 60% seiner Arbeitszeit verplant, muß mit dieser Planung scheitern.

Konsequenzen

Wenn Sie aus diesen Tatsachen die folgenden Konsequenzen ziehen, wird Ihre Zeitplanung den größtmöglichen Nutzen für Sie bringen.

Machen Sie Nägel mit Köpfen!

Wenn Sie nur die Hälfte Ihrer Termine und Adressen in den Organizer eintragen, werden Sie bestimmt die andere Hälfte vergessen. Arbeiten Sie mit dem Organizer entweder ganz oder gar nicht, aber seien Sie auf jeden Fall konsequent dabei. Eine halb fertiggestellte Arbeit wird Ihnen auch keinen Lohn bringen, wozu dann überhaupt den Aufwand treiben?

Setzen Sie Prioritäten

Unterteilen Sie Ihre zu erledigenden Aktivitäten nach deren Wichtigkeit und Dringlichkeit. Aktivitäten, die sehr wichtig und auch eilig sind, erhalten die Priorität A, wichtige aber nicht so eilige Aktivitäten die Priorität B. Die letzte Staffelung ist dann die

Stufe C. Was weder dringend noch wichtig ist, gehört in den Papierkorb. Wie sagte ausgerechnet mein ehemaliger Dozent in Rechnungswesen: "Mut zur Lücke!" Was für andere wichtig ist, sollten Sie natürlich direkt weitergeben. Doch wozu verfügt der Organizer über einen Papierkorb?

Wenn Sie zum Beispiel festgestellt haben sollten, da Sie Aktivitäten ständig vor sich her schieben, dann sollten Sie sich überlegen, ob diese nicht direkt in den Papierkorb gehören, anstatt Ihnen ständig das negative Gefühl eines schlechten Gewissens wegen unerledigter Aufgaben zu geben.

Wenn 20% unserer Arbeitszeit etwa 80% des Erfolges ausmachen, so sollten wir uns doch überlegen, was wir in diesen 20% Zeit tun. Können wir nicht in den anderen 80% versuchen, ebenfalls die mehr Erfolg bringenden Tätigkeiten auszuführen? - Anscheinend nicht, denn sonst würde diese allgemein anerkannte 80:20-Statistik anders aussehen. Doch sollten Sie versuchen, diese 20% zu optimieren.

Daher sollten Sie die Aktivitäten der Priorität A in der Zeit Ihrer höchsten Leistungsfähigkeit auszuführen, also normalerweise etwa zwischen 10 und 12 Uhr vormittags. Stellen Sie also sicher, daß Sie in dieser Zeit nicht gestört werden. Lassen Sie das Telefon, falls vorhanden, nur von Ihrer Sekretärin bedienen, schließen Sie Ihre Bürotür, kurz, vermeiden Sie jede Störung Ihrer Konzentration. Die wichtigsten Aufgaben bereits gegen Mittag gelöst zu haben, kann Sie auch für den Rest des Tages zusätzlich motivieren.

Am Nachmittag, vielleicht nach dem Mittagessen, erledigen Sie die Aktivitäten der Priorität C. Schläfrig nach einem guten Mahl wird das anstrengend genug sein.

Wenn Ihre Leistungskurve zum späten Nachmittag hin wieder steigt, können Sie dann die restlichen Aktivitäten der Priorität B abarbeiten.

Und was tun Sie zwischen 9 und 10 Uhr vormittags? Telefonieren natürlich. Diese Zeit ist die anerkannt beste, um möglichst viele Leute auch wirklich zu erreichen. Ist doch das Telefon sowieso eine der ineffektivsten Kommunikationsmöglichkeiten. Glücklich die, die über elektronische Nachrichtensysteme wie zum Beispiel cc:Mail verfügen.

Nur als Denkstoß sei dazu bemerkt, wie oft Telefone besetzt sind oder am anderen Ende niemand abnimmt. Doch mit modernen E-Mail-Programmen gibt es kein Besetztzeichen mehr. Ihre Nachrichten werden automatisch so schnell wie möglich oder nötig versandt. Ein weiterer wichtiger Aspekt liegt in der

Kürze der geschriebenen Nachrichten. Während man am Telefon doch schon mal ins Plaudern gerät, faßt man sich in schriftlicher Form meist viel kürzer. Auch dadurch kann viel Zeit gespart werden.

Sind Sie so unersetzlich?
Müssen Sie alles selbst machen?

Wer kennt dieses Gefühl nicht? Man möchte am liebsten alles selbst machen, die Mitarbeiter oder Kollegen werden es ja sonst nicht gut genug machen!
Wenn Sie so denken, und womöglich noch auf Ihre Herzbeschwerden stolz sind, dann ist Ihnen natürlich nicht zu helfen. Wenn Sie jedoch etwas Vertrauen in Ihre Mitarbeiter setzen wollen, kann Ihnen der Organizer beim Delegieren Ihrer Aktivitäten behilflich sein, vorausgesetzt, diese Mitarbeiter nutzen mit Ihnen gemeinsam denselben Computer, oder Sie können im Netzwerk auf deren Organizer-Dateien zugreifen.
Wie Sie ja bereits wissen, können Sie unten im DATEI-Menü des Organizers bis zu fünf Dateien, die Sie häufig benötigen, auf-

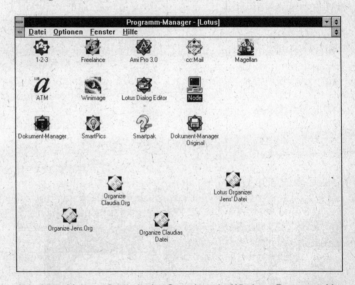

Abb. 20.1: Mehrere Symbole des Organizers im Windows-Programm-Manager anlegen - jeweils mit anderen Dateien, die automatisch geladen werden

listen lassen. Außerdem können Sie bei Bedarf den Organizer auch mehrfach, jeweils mit anderen Dateien starten. Für welche Möglichkeit Sie sich auch entscheiden, auf beide Arten können Sie zum gewünschten Ergebnis kommen. Mit der Maus können Sie jede Information aus den Registern KALENDER, AKTIVITÄTEN, ADRESSEN oder NOTIZEN in die Windows-Zwischenablage kopieren.

Laden Sie mit DATEI-ÖFFNEN oder indem Sie DATEI-1 oder DATEI-2 usw. nutzen, die Organizer-Datei desjenigen, an den Sie delegieren möchten. Alternativ können Sie den Organizer auch noch einmal starten und dabei automatisch die Datei des Betreffenden laden lassen. In dieser Datei fügen Sie den Inhalt der Zwischenablage mit BEARBEITEN-KOPIEREN in das passende Register ein. Zum Einfügen reicht es auch, wenn Sie mit der Maus auf das Symbol der Zwischenablage in der Toolbox klicken, die Maustaste gedrückt halten und die Maus auf den Registermarken des entsprechenden Registers ziehen.

Planen Sie Pufferzeiten ein

Wenn Sie deutlich mehr als 50% Ihrer Zeit verplanen, müssen Sie damit rechnen, ständig Verschiebungen in Ihrem Kalender

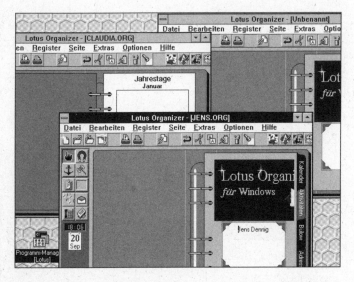

Abb. 20.2: Mehrfacher Start des Organizers, jeweils mit anderen Dateien

vornehmen zu müssen. Daher sollten Sie von vornherein ausreichende Pufferzeiten einplanen. Dies können Sie mit dem Organizer sehr einfach durchführen, indem Sie einen automatischen Eintrag von sich wiederholenden Terminen vornehmen.

Wenn Sie als sich wiederholenden Termin zum Beispiel jeden Tag die Zeit zwischen 12 und 14 Uhr blocken möchten, so müssen Sie im Organizer lediglich einmal eine Dialogbox ausfüllen. Auf diese Weise ist die Mittagszeit regelmäßig frei, um zu essen oder Unvorhergesehenes zu erledigen.

Und zum Schluß

Beginnen Sie nicht morgen mit dem Organizer zu arbeiten, sondern heute noch. Ausreden gelten nicht, auch wenn Sie noch so sehr im Streß stecken. Der Streß resultiert ja meist nur daraus, daß Sie sich nicht oder nur unzureichend organisiert haben ...

Index

Symbole

[Extensions]   106
[unbenannt]   22
1-2-3   118
    für Windows   107

A

Abreiß-Tageskalender   27
Adressen eingeben   65
Ami Pro   119
    starten   26
Anker   34
Anrufliste   31
Ansicht   32
ASCII   142
ASCII-Datei   119
Ausschneiden   34
    und kopieren in die Zwischenablage   25
Autostart   17
    -Gruppe   18
Axt   106

B

Bearbeiten-Menü   29
Beispieldatei   36
Bilder senden   117
Bitmap-Datei   112

C

Cardfile   142
cc:Mail   115
    starten   27
CRD   137
CSV   137

D

Datei, mit Paßwort schützen   25
    öffnen   25
    schließen   25
    speichern   25
Datei-Ausführen   13
    -Manager   13
    -Menü   29
    -Speichern   41
    -Speichern unter   41
Dateiverknüpfung   106
Datum einfügen   26
dBase   142
    -Format   119
DBF   137
DDE   30
    -Verknüpfungen   107
Deckblatt erstellen   42
DFÜ   31
Digitaluhr   27
Diskettensymbole   39
Drag & Drop   32, 64
Drucken   25, 34

Drucker wechseln   25

E

Einfügen   34, 97
    aus der Zwischenablage   25
Export   25
Exportieren   34
Extras-Menü   31
Extras-SmartIcons   23

F

Fenstergröße   22
Fileserver   111
Font Mapping   132
Freelance Graphics starten   27

G

Gehe zur
    ersten Seite im aktuellen
        Register   26
    letzten Seite im aktuellen
        Register   26
grafische Benutzeroberfläche   21
GUI   21

H

Hand   34
Hilfe   26
   -Menü   23, 29
HP Laserjet   135

I/J

Import   25
Import- und Exportformate   137
Importieren   34
Individuell   32
INSTALL.EXE   14
Installation im Netzwerk   16, 111
Installationsvorgang   13
Jahrestag einfügen   92

K

Kalender-Optionen   51
kaskadierende Menüs   23
Kettenglied   39
kontextsensitive Hilfe   33
Konventionen   22
Kopfzeile   22
Kopieren   34
    in die Zwischenablage   25

L

Laptop   33
Linke Seite ausklappen   34
Lizenzbestimmungen   16
Löschen   33, 98
    von ausgewähltem Text   25
    von Einträgen   98
Lotus   115
    1-2-3 starten   26
    Agenda   19
   -Anwendungen   17
Lotus Notes   113, 118
    starten   26
LOTUS.INI   126

M

Magnet 34
Mail senden 25, 115
Mail-Enabling 116, 117
Melodien komponieren 58
Menüzeile aktivieren 23

N

nach Adressen suchen 66
neue Datei erstellen 25, 34
neuen Eintrag einfügen 33
Notes 115
Notizen ändern 78
    einfügen 71
    löschen 79
    verschieben/duplizieren 76
Nur lesen 44

O

Öffentlich 44
Öffnen 34
OLE 30, 115
Optionen für Kopf- und Fuß-
    zeilen 132
Optionen-Menü 32
ORGANIZE.INI 112
ORGANIZE.INI 1 121
ORGANIZE.INI 2 123
Organizer entfernen 19
    erneut starten 26
    schließen 25
    starten 18
    Utilities 148
ORGUTILS.EXE 148

P

Paintbrush 112
Palette anpassen 24
    verbergen 23
Papierformate 129
Papierkorb 27, 98
Paßwörter 43
Paßwortschutz 43
PIM 19
Planen 86
Planung des Jahresurlaubs 86
Preisausschreiben 60
Priorität 62
Privat 44
Programm-Manager 13
Programme starten 39
PROJEKT.ORG 35

R

rechte Maustaste 147
rechte Seite ausklappen 34
Register aufnehmen 25
    hinzufügen 26
    individuell anpassen 26
Register-Menü 30
Registrierung 15
reservierte Tasten 22

S

Seite-Menü 31
Seitenformat 130
Seitenlayout erstellen 25
Seitenmerkmale 73
selektiv kopieren 69

Sicherungskopie erstellen 46
SmarText starten 27
SmartIcon-Palette anpassen 26
    links positionieren 26
    oben positionieren 26
    rechts positionieren 26
    unten positionieren 26
    variabel positionieren 26
SmartIcons 23
SmartPics starten 27
Speichern 34, 41
Speichern unter 34
Status des Installationsvorgangs 17
Statusreport 17
Suchen 26, 66
Suchergebnisse 96
Systemvoraussetzungen 13

T

Tastaturbelegung 34
Tastenkombinationen 33
Telefon 31
Telefonprotokoll anzeigen 26
Termine machen 54
Text senden 115
Toolbox 27
Tools, Bedeutung der 101

U

UNINSTAL.EXE 19, 151
Update-Möglichkeit 19
Upgrader 19
Utilities 148

V

Verbinden 104
Verknüpfen 36, 102
Verknüpfung für den Start erstellen 25
    trennen 106
Verschieben 101
VGA-Bildschirm 112
VIM 120
Vorblättern 33
Vorgaben 32, 47

W

Wählen 34
Wecker 56
Widerrufen 25, 34, 98
WIN.INI 17, 106, 127
Windows 3.0 17
Windows 3.1 17

Z

Zeigerformen 28
Zeit einfügen 26
Ziehen & Ablegen 64
Zugriffsrechte 44
Zurückblättern 33
Zwischenablage 77
Zwischenraum 27